OPEN NEAT

National English Ability Test

WRITING

Level ①

이 책의 구성과 특징

유형 미리 보기

Part마다 문제 유형별로 예시 문제부터
문제 해결하기까지 제시합니다.

문제 보기 – 문제 풀이 – 문제 파고들기 –
문제 해결하기의 흐름을 따라 가다 보면
문제 유형 파악 끝!

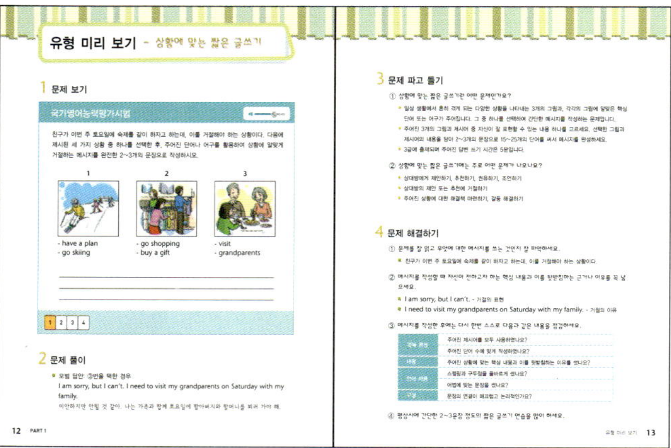

중요 표현 익히기 – 표현 연습

Unit별 말하기에 필요한 중요 표현을
익히고 이를 표현 연습에서
문제로 풀어봅니다.

문제 유형별로 필요한 필수 표현들
습득 완료!

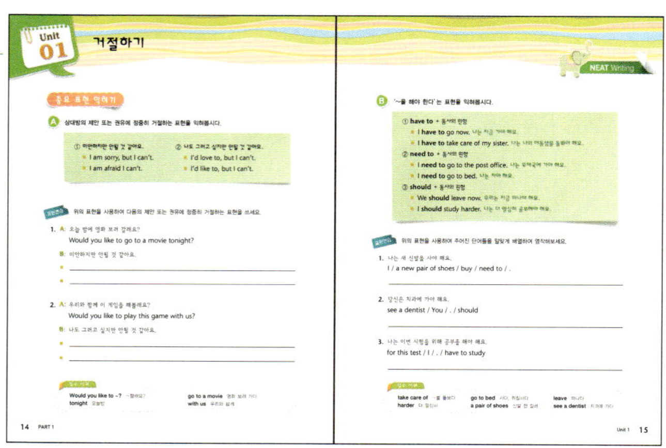

쓰기 단계 1

유형별 글쓰기를 위한 기본 단계로
주어진 표현을 사용하여
문장을 완성해봅니다.

쓰기 단계 2

유형별 글쓰기를 위한 심화 단계로
완성된 답안을 작성해봅니다.

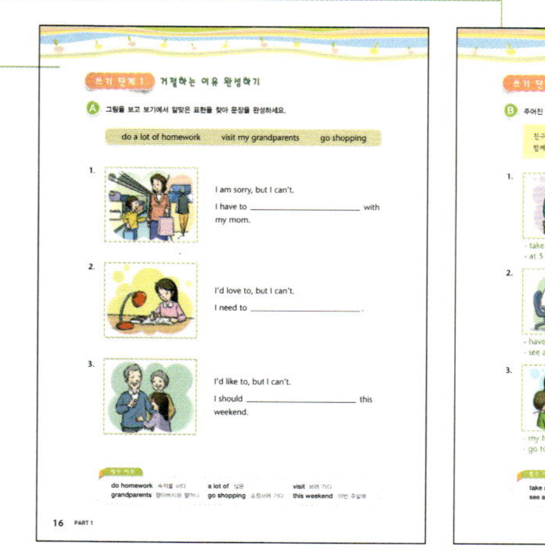
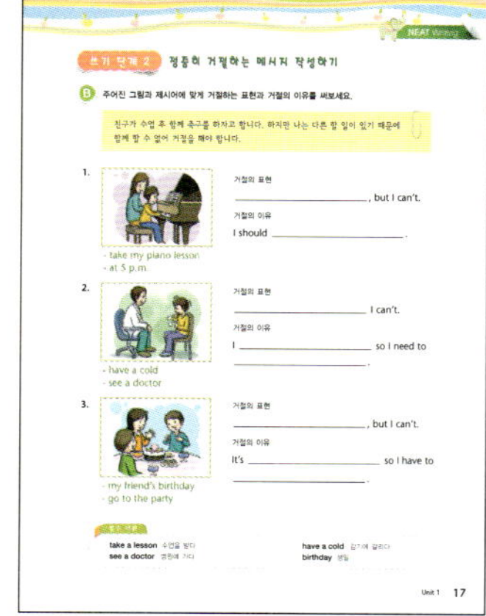

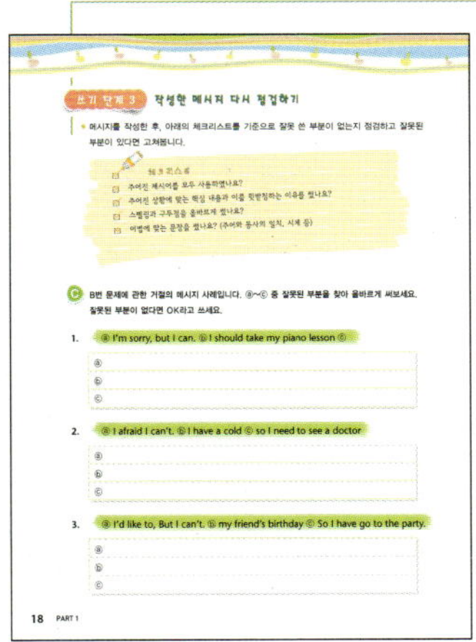

쓰기 단계 3

주어진 체크리스트에 따라 잘못된 부분은
없는지 점검해봅니다.

실전 유형 대비하기

Unit별 2개의 실전 유형 문제를
풀어봅니다.

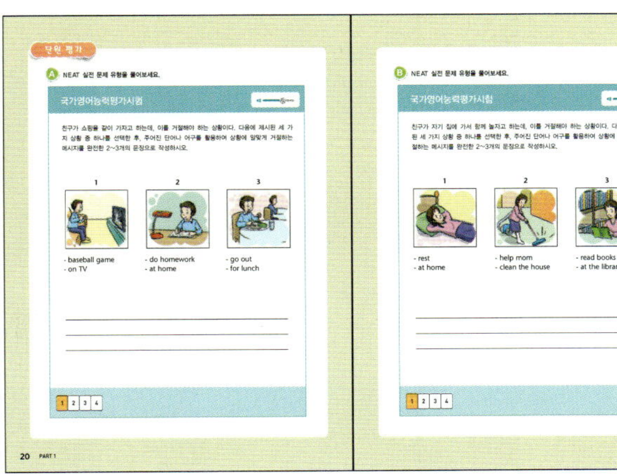

단원 평가

한 Unit이 끝날 때마다 2개의
실전 유형 문제를 풀어봅니다.

실전 문제 유형에 익숙해지기 완료!

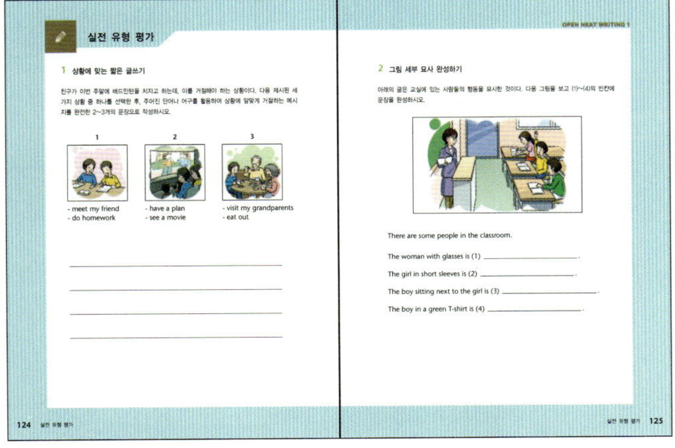

실전 유형 평가

4개의 Part에서 배운 유형별 문제를
총망라한 4개의 문제를 풀어보며
나의 실전 유형 풀이 능력을 점검해봅니다.

NEAT WRITING 실력 만들기와
실전 감각 훈련 완성!

OPEN NEAT Level ❶

이 책의 구성과 특징 ·········· 2

NEAT란? ·········· 6

Part 1   **상황에 맞는 짧은 글쓰기**

유형 미리 보기 ·········· 12

Unit 1   거절하기 ·········· 14

Unit 2   충고 / 조언하기 ·········· 22

Unit 3   제안 / 권유하기 ·········· 30

Unit 4   요청 / 부탁하기 ·········· 38

Part 2   **그림 세부 묘사 완성하기**

유형 미리 보기 ·········· 48

Unit 5   가정 생활 ·········· 50

Unit 6   학교 생활 ·········· 58

Unit 7   외부 활동 ·········· 66

Unit 8   자연 활동 ·········· 74

WRITING 차례

Part 3 편지 쓰기

유형 미리 보기 84

Unit 9   초대하기 86

Unit 10   제안 / 권유하기 94

Part 4 그림 묘사 및 추론하여 글쓰기

유형 미리 보기 104

Unit 11   일상 생활 106

Unit 12   오락 / 행사 114

실전 유형 평가 124

정답 및 해석

I. NEAT(National English Ability Test)란 무엇인가요?

1. NEAT의 개요

☀ NEAT란 국가영어능력평가의 영자 표기로 언어의 4가지 기능인 듣기, 읽기, 말하기, 쓰기를 모두 평가하고 그 중에서도 특히 말하기와 쓰기를 직접 평가함으로써 학생들이 실질적인 영어 의사 소통 능력을 기를 수 있도록 교육하고 이를 평가하는 시험입니다.

2. NEAT의 시험 방식

영역	시험 방식
듣기	헤드셋을 통해 듣고 읽으며 화면의 답안 선택
읽기	화면의 지문을 읽고 답안 선택
말하기	화면의 문제를 듣고 읽으며 헤드셋을 사용하여 직접 음성 답안 녹음
쓰기	화면의 문제를 보고 컴퓨터 키보드를 사용하여 직접 답안 입력

II. NEAT 3급과 2급의 차이가 무엇인가요?

3급	2급
주로 일상 소재를 다루며 공교육 성취 수준과 일상 생활에 필요한 실용 영어 사용 능력을 평가합니다.	기초 학술문을 포함한 일상 소재를 다루며 공교육 성취 수준과 대학에서 학업에 필요한 기본적인 영어 사용 능력을 평가합니다.

문제 유형		비율(%)	문항 수	시험 시간
듣기	적절한 응답 찾기	15~20	32	40분
	주제, 제목, 요지, 목적, 의견 찾기	25~30		
	내용 일치 / 불일치, 요청 (요구, 부탁한 일), 이유, 화자가 할 일 찾기 등	35~40		
	그림 고르기, 그림 일치 / 불일치, 위치, 도표 정보 찾기 등	15~20		
읽기	주제, 제목, 요지, 목적, 주장 찾기	30~35	32	50분
	세부 정보 파악 (내용 일치 / 불일치 등)	30~35		
	빈칸 채우기	15~20		
	내용 또는 그림 순서 파악	10~15		
	어구의 함축적 의미 / 지칭 추론	5~10		
말하기	그림 보고 질문에 답하기		1 (3개)	15분
	연계 질문에 답하기		1 (4개)	
	그림 묘사하기		1	
	문제 해결하기		1	
쓰기	상황에 맞는 짧은 글쓰기		1	35분
	그림의 세부 묘사 완성하기		1	
	편지 쓰기		1	
	그림 묘사 및 추론하여 글쓰기		1	

* 시험 시간은 휴식 시간 등을 제외한 시간입니다.

★ 2급

	문제 유형	비율(%)	문항 수	시험 시간
듣기	적절한 응답 찾기	10~15	32	40분
	주제, 제목, 요지, 목적, 의견 찾기	30~35		
	내용 일치 / 불일치, 요청 (요구, 부탁한 일), 이유, 화자가 할 일 찾기 등	35~40		
	위치, 도표 정보 찾기 등	15~20		
읽기	주제, 제목, 요지, 목적, 주장 찾기	30~35	32	50분
	세부 정보 파악 (내용 일치 / 불일치 등)	30~35		
	빈칸 채우기	15~20		
	문장 끼워 넣기	5~10		
	내용 순서 파악	5~10		
	어구의 함축적 의미 / 지칭 추론	5~10		
말하기	연계 질문에 답하기		1 (4개)	15분
	그림 묘사하기		1	
	발표하기		1	
	문제 해결하기		1	
쓰기	일상생활에 관한 글쓰기		1	35분
	자신의 의견 쓰기		1	

* 시험 시간은 휴식 시간 등을 제외한 시간입니다.

III. **NEAT** 이런 점이 궁금해요.

1. NEAT 공부 따로 준비해야 하나요?

시험이란 막연히 공부하는 것이 아닙니다.
정확하게 무엇이 나오는지, 어떻게 푸는 건지를 알고 철저히 대비를 해야
능력껏 제 실력을 발휘할 수 있답니다.

2. NEAT 공부 언제부터 시작해야 하나요?

NEAT는 기존 수능의 듣기, 읽기 시험과는 달리 직접적으로 말하기와 쓰기를
평가하므로 '중학생이 되면 해야지', '고등학생 때 하면 되겠지'라고 생각하면 늦습니다.
영어 학습을 경험하는 순간부터가 NEAT 공부의 시작점입니다.

3. 영어로 말하고 쓰기에 자신이 없는데 어떡해야 하나요?

많은 연습만이 해결방법인데요, 직접 내 목소리를 녹음해서 들어보고,
간단한 것이더라도 영작해보는 습관을 들여보세요. 어떤 표현을 배웠다면
자꾸 소리 내어 말해 보고 영작하다 보면 자신감과 함께 실력도 쌓인답니다.

4. 컴퓨터로 보는 시험이라는데 어떻게 준비해야 하나요?

NEAT는 일반 학교에 설치된 컴퓨터실에서 인터넷을 통해
중앙센터서버에 접속하여 치르는 시험입니다.
그렇기에 영어로 타자 치는 것부터 키보드, 마우스, 헤드셋 등을
이용한 실제 컴퓨터 환경에서
훈련을 해두는 것이 필요합니다.

OPEN NEAT

상황에 맞는 짧은 글쓰기

차례

- 유형 미리 보기
- **Unit 1** 거절하기
- **Unit 2** 충고 / 조언하기
- **Unit 3** 제안 / 권유하기
- **Unit 4** 요청 / 부탁하기

1 문제 보기

국가영어능력평가시험 

친구가 이번 주 토요일에 숙제를 같이 하자고 하는데, 이를 거절해야 하는 상황이다. 다음에 제시된 세 가지 상황 중 하나를 선택한 후, 주어진 단어나 어구를 활용하여 상황에 알맞게 거절하는 메시지를 완전한 2~3개의 문장으로 작성하시오.

1

- have a plan
- go skiing

2

- go shopping
- buy a gift

3

- visit
- grandparents

1 2 3 4

2 문제 풀이

■ 모범 답안: ③번을 택한 경우

I am sorry, but I can't. I need to visit my grandparents on Saturday with my family.

미안하지만 안될 것 같아. 나는 가족과 함께 토요일에 할아버지와 할머니를 뵈러 가야 해.

3 문제 파고 들기

① 상황에 맞는 짧은 글쓰기란 어떤 문제인가요?

- 일상 생활에서 흔히 겪게 되는 다양한 상황을 나타내는 3개의 그림과, 각각의 그림에 알맞은 핵심 단어 또는 어구가 주어집니다. 그 중 하나를 선택하여 간단한 메시지를 작성하는 문제입니다.
- 주어진 3개의 그림과 제시어 중 자신이 잘 표현할 수 있는 내용 하나를 고르세요. 선택한 그림과 제시어의 내용을 담아 2~3개의 문장으로 15~25개의 단어를 써서 메시지를 완성하세요.
- 3급에 출제되며 주어진 답변 쓰기 시간은 5분입니다.

② 상황에 맞는 짧은 글쓰기에는 주로 어떤 문제가 나오나요?

- 상대방에게 제안하기, 추천하기, 권유하기, 조언하기
- 상대방의 제안 또는 추천에 거절하기
- 주어진 상황에 대한 해결책 마련하기, 갈등 해결하기

4 문제 해결하기

① 문제를 잘 읽고 무엇에 대한 메시지를 쓰는 것인지 잘 파악하세요.

- 친구가 이번 주 토요일에 숙제를 같이 하자고 하는데, 이를 거절해야 하는 상황이다.

② 메시지를 작성할 때 자신이 전하고자 하는 핵심 내용과 이를 뒷받침하는 근거나 이유를 꼭 넣으세요.

- I am sorry, but I can't. - 거절의 표현
- I need to visit my grandparents on Saturday with my family. - 거절의 이유

③ 메시지를 작성한 후에는 다시 한번 스스로 다음과 같은 내용을 점검하세요.

과제 완성	주어진 제시어를 모두 사용하였나요?
	주어진 단어 수에 맞게 작성하였나요?
내용	주어진 상황에 맞는 핵심 내용과 이를 뒷받침하는 이유를 썼나요?
언어 사용	스펠링과 구두점을 올바르게 썼나요?
	어법에 맞는 문장을 썼나요?
구성	문장의 연결이 매끄럽고 논리적인가요?

④ 평상시에 간단한 2~3문장 정도의 짧은 글쓰기 연습을 많이 하세요.

거절하기

중요 표현 익히기

A 상대방의 제안 또는 권유에 정중히 거절하는 표현을 익혀봅시다.

① 미안하지만 안될 것 같아요.
- I am sorry, but I can't.
- I am afraid I can't.

② 나도 그러고 싶지만 안될 것 같아요.
- I'd love to, but I can't.
- I'd like to, but I can't.

표현연습 위의 표현을 사용하여 다음의 제안 또는 권유에 정중히 거절하는 표현을 쓰세요.

1. A: 오늘 밤에 영화 보러 갈래요?

Would you like to go to a movie tonight?

B: 미안하지만 안될 것 같아요.

- ____

- ____

2. A: 우리와 함께 이 게임을 해볼래요?

Would you like to play this game with us?

B: 나도 그러고 싶지만 안될 것 같아요.

- ____

- ____

필수 어휘

Would you like to ~? ～할래요?
tonight 오늘밤

go to a movie 영화 보러 가다
with us 우리와 함께

B '〜을 해야 한다'는 표현을 익혀봅시다.

① **have to** + 동사의 원형

- I **have to** go now. 나는 지금 가야 해요.
- I **have to** take care of my sister. 나는 나의 여동생을 돌봐야 해요.

② **need to** + 동사의 원형

- I **need to** go to the post office. 나는 우체국에 가야 해요.
- I **need to** go to bed. 나는 자야 해요.

③ **should** + 동사의 원형

- We **should** leave now. 우리는 지금 떠나야 해요.
- I **should** study harder. 나는 더 열심히 공부해야 해요.

 위의 표현을 사용하여 주어진 단어들을 알맞게 배열하여 영작해보세요.

1. 나는 새 신발을 사야 해요.

I / a new pair of shoes / buy / need to / .

____

2. 당신은 치과에 가야 해요.

see a dentist / You / . / should

____

3. 나는 이번 시험을 위해 공부를 해야 해요.

for this test / I / . / have to study

____

필수 어휘

take care of 〜를 돌보다	**go to bed** 자다, 취침하다	**leave** 떠나다
harder 더 열심히	**a pair of shoes** 신발 한 켤레	**see a dentist** 치과에 가다

A 그림을 보고 보기에서 알맞은 표현을 찾아 문장을 완성하세요.

do a lot of homework	visit my grandparents	go shopping

1. 

I am sorry, but I can't.

I have to ______________________ with my mom.

2. 

I'd love to, but I can't.

I need to ______________________ .

3. 

I'd like to, but I can't.

I should ______________________ this weekend.

필수 어휘

do homework 숙제를 하다   **a lot of** 많은   **visit** 뵈러 가다
grandparents 할아버지와 할머니   **go shopping** 쇼핑하러 가다   **this weekend** 이번 주말에

쓰기 단계 2   정중히 거절하는 메시지 작성하기

B 주어진 그림과 제시어에 맞게 거절하는 표현과 거절의 이유를 써보세요.

> 친구가 수업 후 함께 축구를 하자고 합니다. 하지만 나는 다른 할 일이 있기 때문에
> 함께 할 수 없어 거절을 해야 합니다.

1.

- take my piano lesson
- at 5 p.m.

거절의 표현

_______________________, but I can't.

거절의 이유

I should _______________________ .

2.

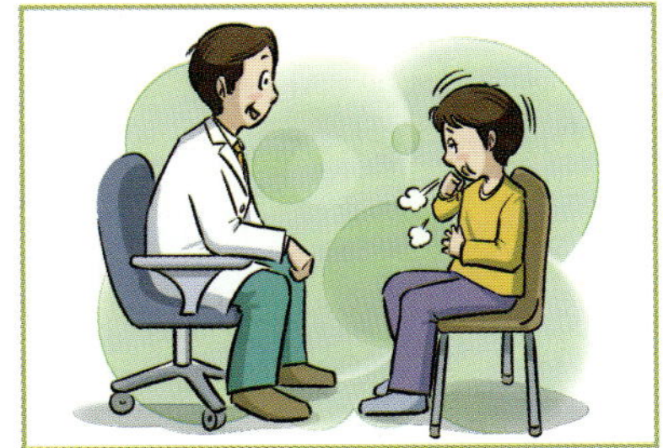

- have a cold
- see a doctor

거절의 표현

_______________________ I can't.

거절의 이유

I _______________________ so I need to

_______________________ .

3.

- my friend's birthday
- go to the party

거절의 표현

_______________________, but I can't.

거절의 이유

It's _______________________ so I have to

_______________________ .

필수 어휘

take a lesson 수업을 받다　　　　**have a cold** 감기에 걸리다
see a doctor 병원에 가다　　　　**birthday** 생일

● 메시지를 작성한 후, 아래의 체크리스트를 기준으로 잘못 쓴 부분이 없는지 점검하고 잘못된 부분이 있다면 고쳐봅니다.

☑ 　　　체크리스트
☑ 주어진 제시어를 모두 사용하였나요?
☑ 주어진 상황에 맞는 핵심 내용과 이를 뒷받침하는 이유를 썼나요?
☑ 스펠링과 구두점을 올바르게 썼나요?
☑ 어법에 맞는 문장을 썼나요? (주어와 동사의 일치, 시제 등)

C B번 문제에 관한 거절의 메시지 사례입니다. ⓐ~ⓒ 중 잘못된 부분을 찾아 올바르게 써보세요. 잘못된 부분이 없다면 OK라고 쓰세요.

1. ⓐ I'm sorry, but I can. ⓑ I should take my piano lesson ⓒ

ⓐ	
ⓑ	
ⓒ	

2. ⓐ I afraid I can't. ⓑ I have a cold ⓒ so I need to see a doctor

ⓐ	
ⓑ	
ⓒ	

3. ⓐ I'd like to, But I can't. ⓑ my friend's birthday ⓒ So I have go to the party.

ⓐ	
ⓑ	
ⓒ	

실전 유형 대비하기

주어진 표현을 알맞게 배열하여 다음에 제시된 세 가지 상황에 맞는 거절의 메시지를 작성하세요.

친구가 오후에 영화를 보러 가자고 합니다. 하지만 나는 다른 일이 있기 때문에 친구와 함께 영화를 볼 수 없어 거절해야 합니다.

1 
- go to the library
- have no time

2 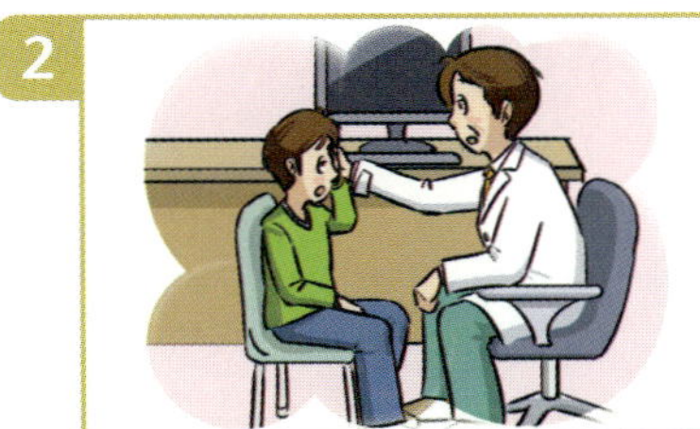
- have a headache
- see a doctor

3 
- help my mother
- wash the dishes

1

____

(I can't / I'm afraid /.)

____

(So I have / to the library / . / . / no time / I have to go)

2

____

(. / but I can't / I'm sorry / ,)

____

(a headache / because I have / see a doctor / I have to / .)

3

____

(. / but I can't / I'd love to / ,)

____

(wash the dishes / my mother / help / I have to / .)

A NEAT 실전 문제 유형을 풀어보세요.

국가영어능력평가시험 

친구가 쇼핑을 같이 가자고 하는데, 이를 거절해야 하는 상황이다. 다음에 제시된 세 가지 상황 중 하나를 선택한 후, 주어진 단어나 어구를 활용하여 상황에 알맞게 거절하는 메시지를 완전한 2~3개의 문장으로 작성하시오.

1

- baseball game
- on TV

2

- do homework
- at home

3

- go out
- for lunch

1 2 3 4

국가영어능력평가시험

친구가 자기 집에 가서 함께 놀자고 하는데, 이를 거절해야 하는 상황이다. 다음에 제시된 세 가지 상황 중 하나를 선택한 후, 주어진 단어나 어구를 활용하여 상황에 알맞게 거절하는 메시지를 완전한 2~3개의 문장으로 작성하시오.

1

- rest
- at home

2

- help mom
- clean the house

3

- read books
- at the library

Unit 02 충고 / 조언하기

 **중요 표현 익히기**

A '~을 해라'는 충고나 조언의 표현을 익혀봅시다.

- You'd better ~   당신은 ~하는 게 좋겠어요
- You need to ~   당신은 ~하는 게 필요해요
- You should ~   당신은 ~해야 해요

 **표현연습** 위의 표현을 사용하여 상대방에게 충고나 조언하는 문장을 완성하세요.

1. **A**: 나는 매우 졸려요. 어제 밤늦게까지 안 잤어요.

   I'm very sleepy. I stayed up late last night.

   B: ① 당신은 지금 집에 가서 자는 게 좋겠어요.

   _______________________ go home and sleep now.

   ② 당신은 지금 집에 가서 자는 게 필요해요.

   _______________________ go home and sleep now.

   ③ 당신은 지금 집에 가서 자야 해요.

   _______________________ go home and sleep now.

필수 어휘

You'd better (=You had better) ~. 당신은 ~하는 게 좋겠어요.   **stay up** (늦게까지) 안 자다

B '~을 하지 마라'는 충고나 조언의 표현을 익혀봅시다.

- **You'd better not ~**   당신은 ~을 하지 않는 게 좋겠어요
- **You should not ~**   당신은 ~을 하지 말아야 해요

 위의 표현을 사용하여 상대방에게 충고나 조언하는 문장을 완성하세요.

1. **A**: 나는 매우 졸려요. 어제 밤늦게까지 안 잤어요.

I'm very sleepy. I stayed up late last night.

B: ① 당신은 늦게 자지 않는 게 좋겠어요.

_________________________ stay up.

② 당신은 늦게 자지 말아야 해요.

_________________________ stay up.

2. **A**: 내 옷이 매우 더러워졌어요.

My clothes get very dirty.

B: ① 너는 진흙탕에서 놀지 않는 게 좋겠어.

_________________________ play in the mud.

② 너는 진흙탕에서 놀면 안 돼.

_________________________ play in the mud.

필수 어휘

get dirty 더러워지다   **in the mud** 진흙탕에서

A 그림을 보고 보기에서 알맞은 표현을 찾아 문장을 완성하세요.

get better	get up at 7 o'clock	get a good score

1.

A: I am late for school.

B: You'd better go to bed early. Then you

can ________________________.

2.

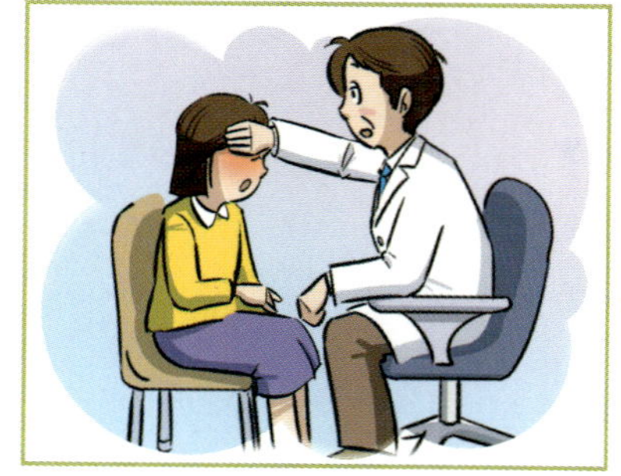

A: I think I have a fever.

B: You should see a doctor. Then you will

________________________.

3.

A: I have an English test on Friday.

B: You need to study hard so you can

________________________.

필수 어휘

get better (병 따위가) 좋아지다   **score** 점수   **early** 일찍   **fever** 열

쓰기 단계 2 충고나 조언의 메시지 작성하기

B 주어진 그림과 제시어에 맞게 충고나 조언의 표현과 보충 설명을 써보세요.

늘 어린 여동생과 싸우는 친구에게 충고를 해주려고 합니다.

1.

- not fight
- friendly

충고나 조언의 표현

You should _________________ with your sister.

충고나 조언에 대한 보충 설명

You need to be _________________ to her.

2.

- stop fighting
- play with

충고나 조언의 표현

You'd better _________________ with her.

충고나 조언에 대한 보충 설명

Then she will _________________ you.

3.

- be nice
- your family

충고나 조언의 표현

You need to _________________ to her.

충고나 조언에 대한 보충 설명

She is _________________ .

필수 어휘

fight with ~와 싸우다   **friendly** 다정한   **stop -ing** ~하는 것을 멈추다   **then** 그러면

● 메시지를 작성한 후, 아래의 체크리스트를 기준으로 잘못 쓴 부분이 없는지 점검하고 잘못된 부분이 있다면 고쳐봅니다.

체크리스트

☑ 주어진 상황에 맞는 핵심 내용과 이를 뒷받침하는 이유를 썼나요?

☑ 주어진 제시어를 모두 사용하였나요?

☑ 스펠링과 구두점을 올바르게 썼나요?

☑ 어법에 맞는 문장을 썼나요? (주어와 동사의 일치, 시제 등)

C B번 문제에 관한 충고의 메시지 사례입니다. ⓐ~ⓒ 중 잘못된 부분을 찾아 올바르게 써보세요. 잘못된 부분이 없다면 OK라고 쓰세요.

1. ⓐ You should fight ⓑ with your sister. ⓒ You need to be to her.

ⓐ	
ⓑ	
ⓒ	

2. ⓐ You'd stop fighting with her. ⓑ But she will play with you. ⓒ

ⓐ	
ⓑ	
ⓒ	

3. ⓐ You need be nice ⓑ to her. ⓒ she is your family.

ⓐ	
ⓑ	
ⓒ	

실전 유형 대비하기

주어진 표현을 알맞게 배열하여 다음에 제시된 세 가지 상황에 맞는 충고나 조언의 메시지를 작성하세요.

친구가 가끔 늦게 일어나기 때문에 학교에 자주 늦어 조언을 해주려 합니다.

1

2

3

1

____

(You'd / exercise / . / better)

____

(. / You can / early / go to bed)

2

____

(early / . / finish your homework / You'd better)

____

(late / not / You should / . / stay up)

3

____

(play computer games / . / You should not / too late)

____

(. / read books / You'd better)

필수 어휘

exercise 운동하다   **go to bed** 잠자리에 들다

 NEAT 실전 문제 유형을 풀어보세요.

국가영어능력평가시험 

아침에 늦게 일어나는 습관이 있는 친구를 위해 조언을 하는 상황이다. 다음 제시된 세 가지 상황 중 하나를 선택한 후, 주어진 단어나 어구를 활용하여 상황에 알맞게 조언하는 메시지를 완전한 2~3개의 문장으로 작성하시오.

1	2	3

1
- not play computer games
- go to bed early

2
- not watch TV late
- get enough sleep

3
- not listen to music late
- get up early

국가영어능력평가시험 

치통 때문에 아파하는 친구를 위해 충고를 하는 상황이다. 다음에 제시된 세 가지 상황 중 하나를 선택한 후, 주어진 단어나 어구를 활용하여 상황에 알맞게 조언하는 메시지를 완전한 2~3개의 문장으로 작성하시오.

1

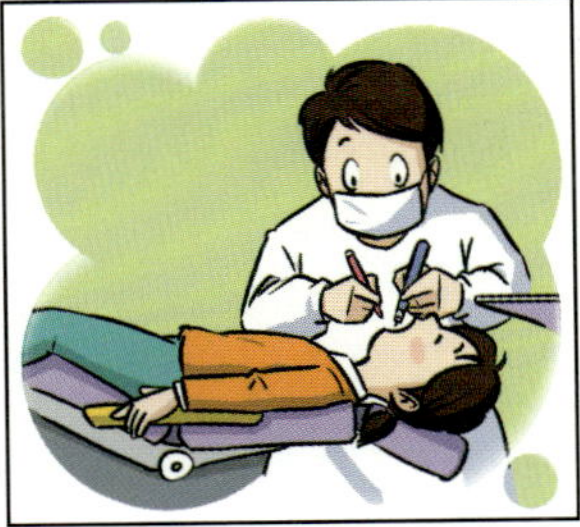

- see a dentist
- have a toothache

2

- brush your teeth
- after meals

3

- not eat sweets
- eat fruit

Unit 03

제안 / 권유하기

중요 표현 익히기

A 상대방에게 어떤 것을 제안하거나 권유하는 표현을 익혀봅시다.

- How about –ing?   ~하는 것은 어때요?
- What about –ing?   ~하는 것은 어때요?
- Why don't you ~?   ~하는 것은 어때요?

표현연습 A. 위의 표현을 사용하여 상대방에게 제안이나 권유하는 문장을 완성하세요.

1. **A**: 나는 축구를 잘 하고 싶어요.

   I want to play soccer well.

   B: ① 친구들과 연습해보는 건 어때요?

   _______________________ practicing soccer with your friends?

   ② 친구들과 연습해보는 건 어때요?

   _______________________ practicing soccer with your friends?

   ③ 친구들과 연습해보는 건 어때요?

   _______________________ practice soccer with your friends?

필수 어휘

well 잘   practice 연습하다

 **B.** 주어진 표현을 알맞게 배열하여 상대방에게 제안이나 권유하는 문장을 완성하시오.

1. A: 나는 지금 너무 피곤해요.

I am too tired.

B: 지금 잠을 좀 자는 건 어때요?

____

(? / How about / some sleep / getting / now)

2. A: 나는 점점 살이 찌고 있어요.
I am getting fat.

B: 저녁식사 후에 걷는 건 어때요?

____

(taking a walk / ? / What about / after dinner)

3. A: 나는 새로운 취미를 갖고 싶어요.

I want to have a new hobby.

B: 운동을 하는 건 어때요?

____

(? / exercise / Why don't you)

필수 어휘

tired 피곤한	**get some sleep** 잠을 좀 자다	**get fat** 살이 찌다
take a walk 걷다, 산책하다	**hobby** 취미	

A 그림을 보고 보기에서 알맞은 표현을 찾아 문장을 완성하세요.

get along with her	good for your health	new interesting movie

1. 

오늘 밤에 영화 보는 건 어때요?
재미있는 최신 영화가 있어요.

➡ How about watching a movie tonight?
There is a _______________________.

2. 

처음 본 친구에게 말을 거는 게 어때요?
그녀와 잘 지낼 수 있을 거예요.

➡ Why don't you talk to the new girl?
You can _______________________.

3. 

과일을 더 많이 먹는 게 어때요?
과일은 당신 몸에 좋아요.

➡ What about eating more fruit?
Fruit is _______________________.

필수 어휘

get along with ~와 잘 지내다
interesting 재미있는

be good for ~에 좋다
watch a movie 영화를 보다

쓰기 단계 2 · 제안이나 권유의 메시지 작성하기

B 주어진 그림과 제시어에 맞게 제안이나 권유의 표현과 보충 설명을 써보세요.

여름 방학 때 무엇을 할지 고민하는 친구에게 제안을 하려고 합니다.

1.

- play the piano
- enjoy music

제안이나 권유의 표현

How about _________________?

제안이나 권유에 대한 보충 설명

You can _________________.

2.

- join the soccer club
- get healthy

제안이나 권유의 표현

What about _________________?

제안이나 권유에 대한 보충 설명

You can _________________.

3.

- go to summer camp
- do many activities

제안이나 권유의 표현

Why don't you _________________?

제안이나 권유에 대한 보충 설명

You can _________________.

필수 어휘

play the piano 피아노를 치다　　**enjoy** 즐기다　　**join** 가입하다
get healthy 건강해지다　　**summer camp** 여름 캠프　　**activities** 활동들

● 메시지를 작성한 후, 아래의 체크리스트를 기준으로 잘못 쓴 부분이 없는지 점검하고 잘못된 부분이 있다면 고쳐봅니다.

☑ 체크리스트
☑ 주어진 상황에 맞는 핵심 내용과 이를 뒷받침하는 이유를 썼나요?
☑ 주어진 제시어를 모두 사용하였나요?
☑ 스펠링과 구두점을 올바르게 썼나요?
☑ 어법에 맞는 문장을 썼나요? (주어와 동사의 일치, 시제 등)

C B번 문제에 관한 제안의 메시지 사례입니다. ⓐ~ⓒ 중 잘못된 부분을 찾아 올바르게 써보세요. 잘못된 부분이 없다면 OK라고 쓰세요.

1. ⓐ How about ⓑ playing the piano. ⓒ You can enjoy music.

ⓐ	
ⓑ	
ⓒ	

2. ⓐ What about ⓑ join the soccer club? ⓒ You can get healthy

ⓐ	
ⓑ	
ⓒ	

3. ⓐ Why don't she ⓑ going to summer camp? ⓒ You can do many activities.

ⓐ	
ⓑ	
ⓒ	

실전 유형 대비하기

주어진 표현을 알맞게 배열하여 다음에 제시된 세 가지 상황에 맞는 권유의 메시지를 작성하세요.

친구가 여름에 아이스크림을 너무 많이 먹어 배탈이 나는 때가 많습니다. 친구가 어떻게 하면 좋을지 권유를 해 보세요.

1 
- eat fruit
- a lot of vitamins

2 
- stop eating
- a stomachache

3 
- drink fruit juice
- good for your health

1

____

(? / eating / fruit / How about)

____

(Fruit has / . / vitamins / a lot of)

2

____

(stop eating / Why don't you / ? / ice cream)

____

(You have / . / a stomachache)

3

____

(? / drinking / What about / fruit juice)

____

(It is / . / your health / good for)

필수 어휘

vitamin 비타민   **stop –ing** ~하는 것을 그만하다   **stomachache** 배탈

A NEAT 실전 문제 유형을 풀어보세요.

국가영어능력평가시험

친구가 생선은 어떤 것도 먹지 않아 생선을 먹도록 권유를 하려 한다. 다음에 제시된 세 가지 상황 중 하나를 선택한 후, 주어진 단어나 어구를 활용하여 상황에 알맞게 권유하는 메시지를 완전한 2~3개의 문장으로 작성하시오.

1

- try fried fish
- smell good

2

- eat fish
- healthy food

3

- try to eat fish
- tasty

1 2 3 4

국가영어능력평가시험

친구의 생일 선물로 무엇을 살지 고민 중이다. 다음 제시된 세 가지 상황 중 하나를 선택한 후, 주어진 단어나 어구를 활용하여 상황에 알맞게 제안하는 메시지를 완전한 2~3개의 문장으로 작성하시오.

1

- a hairpin
- look good

2

- a pencil case
- need a new one

3

- a pair of gloves
- wear gloves

1 | 2 | 3 | 4

Unit 04 요청 / 부탁하기

 **중요 표현 익히기**

A 상대방에게 요청 또는 부탁하는 표현을 익혀봅시다.

- Can I ~?   제가 ~을 해도 될까요?
- Can you ~?   당신이 ~을 해줄 수 있나요?
- Will you ~?   당신이 ~을 해줄 수 있나요?
- Could you (please) ~?   당신이 ~을 해 주시겠어요?
- Would you (please) ~?   당신이 ~을 해 주시겠어요?

표현연습 A. 위의 표현을 사용하여 상대방에게 요청 또는 부탁하는 표현을 쓰세요.

1. 이 컴퓨터가 작동이 안 되요.
This computer isn't working.

당신이 와서 봐 줄 수 있나요?

① _____________________________ come and take a look at this computer?

② _____________________________ come and take a look at this computer?

2. 나는 이 상자를 들 수가 없어요.
I can't lift this box.

당신이 이 상자를 저쪽으로 옮겨 주시겠어요?

① _____________________________ move this box over there?

② _____________________________ move this box over there?

필수 어휘

work 작동하다	**take a look at** ~을 잠깐 보다	**lift** 들다
move 옮기다	**over there** 저쪽으로	

 **B.** 상대방에게 요청이나 부탁을 하기 위해 주어진 표현들을 알맞게 배열하여 문장을 완성하세요.

1. A: Mr. Kim을 만날 수 있을까요?

____

(Mr. Kim / ? / see / Can I)

B: 잠시만 기다려 주시겠어요?

____

(? / for a moment / Could you please / wait)

2. A: 문을 좀 열어 주시겠어요?

____

(the door / Would you please / ? / open)

B: 네, 물론이죠.

Yes, of course.

3. A: 소금과 후추를 건네주시겠어요?

____

(the salt and pepper / ? / pass me / Will you)

B: 물론이죠.

Sure.

for a moment 잠깐만	**wait** 기다리다	**salt** 소금
pepper 후추	**pass** 건네주다	

A 그림을 보고 보기에서 알맞은 표현을 찾아 문장을 완성하세요.

too loud	too much stuff	empty

1.

Can I have some water?

My glass is ________________________.

2.

Can you turn down the volume?

The music is ________________________.

3.

Would you please hold this book?

I have ________________________ in my
hands.

필수 어휘

too loud 너무 시끄러운　　**too much stuff** 너무 많은 짐　　**empty** 비어 있는
turn down (소리 등을) 낮추다　　**volume** 음량　　**hold** 들어주다

쓰기 단계 2   정중히 요청 또는 부탁하는 메시지 작성하기

 **B** 주어진 그림과 제시어에 맞게 요청 또는 부탁하는 표현과 이유를 써보세요.

상점에서 바지를 교환해달라고 요청을 하는 상황입니다.

1.

- the size
- too big

요청의 표현

______________________ exchange these pants?

요청의 이유

______________________ is

______________________ for me.

2.

- don't like this color
- black pants

요청의 표현

______________________ exchange these pants?

요청의 이유

I ______________________ .

I want ______________________ .

3.

- too formal
- a pair of jeans

요청의 표현

______________________ exchange these pants?

요청의 이유

These pants are ______________________ .

I want ______________________ .

필수 어휘

exchange 교환하다	**these pants** 이 바지	**size** 크기
too 너무	**formal** 격식을 갖춘	**a pair of jeans** 청바지 한 벌

● 메시지를 작성한 후, 아래의 체크리스트를 기준으로 잘못 쓴 부분이 없는지 점검하고 잘못된 부분이 있다면 고쳐봅니다.

체크리스트

- ☑ 주어진 상황에 맞는 핵심 내용과 이를 뒷받침하는 이유를 썼나요?
- ☑ 주어진 제시어를 모두 사용하였나요?
- ☑ 스펠링과 구두점을 올바르게 썼나요?
- ☑ 어법에 맞는 문장을 썼나요? (주어와 동사의 일치, 시제 등)

C B번 문제에 관한 요청의 메시지 사례입니다. ⓐ~ⓒ 중 잘못된 부분을 찾아 올바르게 써보세요. 잘못된 부분이 없다면 OK라고 쓰세요.

1. ⓐ Will I exchange ⓑ these pants. ⓒ The size is too big for me.

ⓐ	
ⓑ	
ⓒ	

2. ⓐ Will you exchange this pants? ⓑ I am not like this color. ⓒ I want black pants.

ⓐ	
ⓑ	
ⓒ	

3. ⓐ could you please exchange these pants? ⓑ These pants too formal. ⓒ I want a pair of jean.

ⓐ	
ⓑ	
ⓒ	

실전 유형 대비하기

주어진 표현을 알맞게 배열하여 다음에 제시된 세 가지 상황에 맞는 요청의 메시지를 작성하세요.

친구가 빌려간 나의 영어사전을 돌려주지 않고 있어 친구에게 돌려 달라고 요청을 하는 상황입니다.

1

2

3

1

____

(? / return / my English dictionary / Can you)   (to study English / . / I need it)

2

____

(my English dictionary / ? / bring back / Will you)   (a word test / . / I have)

3

____

(give back / ? / my English dictionary / Could you please)

____

(writing homework / . / I have)

필수 어휘		
return 돌려주다	**bring back** 돌려주다	**word** 단어
give back 돌려주다	**writing** 작문	**dictionary** 사전

A NEAT 실전 문제 유형을 풀어보세요.

국가영어능력평가시험 

식당에서 종업원에게 요청을 하려고 한다. 다음에 제시된 세 가지 상황 중 하나를 선택한 후, 주어진 단어나 어구를 활용하여 상황에 알맞게 요청하는 메시지를 완전한 2~3개의 문장으로 작성하시오.

1

- some more coffee
- a little bit

2

- show me a menu
- order food

3

- give me a new plate
- need an empty plate

| 1 | 2 | 3 | 4 |

국가영어능력평가시험 

소년이 집에 돌아와 엄마에게 부탁을 하려고 한다. 다음에 제시된 세 가지 상황 중 하나를 선택한 후, 주어진 단어나 어구를 활용하여 상황에 알맞게 부탁하는 메시지를 완전한 2~3개의 문장으로 작성하시오.

1

- have an apple
- look delicious

2

- help with my homework
- difficult math homework

3

- make apple pies
- love your apple pies

OPEN NEAT

그림 세부 묘사 완성하기

차례

- 유형 미리 보기
- **Unit 5** 가정 생활
- **Unit 6** 학교 생활
- **Unit 7** 외부 활동
- **Unit 8** 자연 활동

1 문제 보기

국가영어능력평가시험 

아래의 글은 한 소년의 생일 파티에 온 사람들의 행동을 묘사한 것이다. 다음 그림을 보고 (1)~(4)의 빈칸에 각각 10개 이내의 단어를 사용하여 문장을 완성하시오.

There are some friends at a boy's birthday party.

The boy in a green shirt is (1) ________________________.

The girl with glasses is (2) ________________________.

The girl in a dress is (3) ________________________.

The boy in short sleeves is (4) ________________________.

1 2 3 4

2 문제 풀이

■ 문제 풀이와 모범 답안

(1) 친구와 악수하고 있다. - shaking hands with his friend

(2) 소년에게 꽃을 주고 있다. - giving flowers to a boy

(3) 케이크를 들고 있다. - holding a cake

(4) 탁자에 앉아 있다. - sitting at the table

3 문제 파고 들기

① 그림 세부 묘사 완성하기란 어떤 문제인가요?

- 그림 속 인물의 행동 또는 사물의 상태를 묘사하는 하위 4개의 문장을 완성하는 문제로 3급에 출제됩니다.
- 답안 작성에 주어진 시간은 총 5분으로 각 문항 당 10단어 이내로 문장을 완성해야 합니다.

② 그림 세부 묘사 완성하기에는 주로 어떤 문제가 나오나요?

- 주변에서 흔히 볼 수 있는 장소에서 일어날 수 있는 상황에 대한 그림이 주어집니다. 예를 들어, 학교, 도서관, 운동장, 체육관, 동물원, 공원, 놀이터, 음식점 등에 관한 그림 묘사 문제가 주어집니다.

4 문제 해결하기

① 제시어를 읽고 우선 어떤 상황을 묘사하는지 파악하세요.

- 아래의 글은 한 소년의 생일 파티에 온 사람들의 행동을 묘사한 것이다.

② 주어진 문구를 읽은 후, 그림 속 누구를 묘사해야 하는지 파악하세요.

- **The girl with glasses is** ________________ .
  (안경을 쓴 소녀는)

③ 제시된 각 그림의 주어와 동사의 수가 일치되어야 합니다. 또한 '누가 ~을 하고 있다'는 현재 진행 시제로 표현하도록 합니다.

- **The boy** in a green shirt **is shaking** hands with his friend.

④ 메시지를 작성한 후에는 다시 한번 스스로 다음과 같은 내용을 점검하세요.

과제 완성	주어진 문항에 모두 답변하였나요?
	주어진 단어 수에 맞게 작성하였나요?
내용	주어진 상황에 맞는 구체적인 내용을 썼나요?
언어 사용	스펠링과 구두점을 올바르게 썼나요?
	어법에 맞는 문장을 썼나요?

⑤ 평소에 주변에서 일어나는 일들에 관심을 갖고 '누가 무엇을 하고 있다'는 영작 연습을 많이 해보세요.

Unit 05

가정 생활

A 가정 생활과 관련된 다양한 표현을 익혀봅시다.

- wash one's face 세수하다
- have breakfast 아침 식사를 하다
- wash dishes 설거지하다
- talk over dinner 저녁 식사하며 대화하다
- dry one's hair 머리를 말리다
- brush one's teeth 양치질 하다
- do the laundry 빨래를 하다
- do one's homework 숙제를 하다

 위의 표현을 사용하여 가정에서 이루어지는 동작 표현을 현재 진행 시제로 영작해보세요.

1. **A**: 당신은 지금 무엇을 하고 있나요?

   What are you doing now?

   B: ① 나는 세수를 하고 있어요.

   I ___________________________ .

   ② 나는 아침 식사를 하고 있어요.

   I ___________________________ .

2. **A**: 당신의 여동생은 지금 무엇을 하고 있나요?

   What is your sister doing now?

   B: ① 그녀는 숙제를 하고 있어요.

   She ___________________________ .

   ② 그녀는 설거지를 하고 있어요.

   She ___________________________ .

B 인물의 특징을 묘사하는 다양한 표현을 익혀봅시다.

① **with** + 머리색깔   머리 색이 ~인
- the girl with blonde hair   머리 색이 금발인 소녀

② **with** + 사물   ~을 가지고 있는 / ~을 쓰고 있는
- the girl with a bag   가방을 가지고 있는 소녀
- the boy with a ball   공을 가지고 있는 소년
- the boy with glasses   안경을 쓰고 있는 소년

③ **in** + 의상   ~을 입은
- the boy in a green T-shirt   초록색 티셔츠를 입고 있는 소년
- the girl in a skirt   치마를 입고 있는 소녀

 위의 표현을 활용하여 주어진 표현을 알맞게 배열하여 영작해보세요.

1. 안경을 쓴 소년이 양치질을 하고 있다.

____

(with glasses / his teeth / . / is brushing / The boy)

2. 금발 머리를 한 소녀들이 저녁 식사를 하며 얘기하고 있다.

____

(are talking over dinner / . / with blonde hair / The girls)

3. 파란색 티셔츠를 입은 소년이 머리를 말리고 있다.

____

(The boy / is drying his hair / . / in a blue T-shirt)

 인물의 특징 묘사하기

 그림을 보고 보기에서 알맞은 표현을 찾아 문장을 완성하세요.

in a green T-shirt	with a laptop computer	in a pink skirt

1. 

The girl ___________________ is reading a book.

2. 

The boy ___________________ is wearing a red cap.

3. 

The woman ___________________ is sitting at the table.

필수 어휘

green 초록색의   **laptop computer** 노트북 컴퓨터   **pink** 분홍색의   **red** 빨간색의

쓰기 단계 2   인물의 행동 묘사하기

B 그림을 보고 보기에서 알맞은 표현을 찾아 문장을 완성하세요.

is drying her hair	is having dinner	is getting up

1.

The boy in pajamas

_________________________ .

2.

The girl in short sleeves

_________________________ .

3.

The boy with blond hair

_________________________ .

필수 어휘

dry her hair 그녀의 머리를 말리다   **have dinner** 저녁 식사를 하다   **get up** 일어나다
pajamas 잠옷   **short sleeves** 반소매   **blond hair** 금발머리

 작성한 문장 다시 점검하기

- 답안을 작성한 후, 아래의 체크리스트를 기준으로 잘못 쓴 부분이 없는지 점검하고 잘못된 부분이 있다면 고쳐봅니다.

> 체크리스트
> - ☑ 주어진 문항에 모두 답변하였나요?
> - ☑ 주어진 상황에 맞는 구체적인 내용을 썼나요?
> - ☑ 스펠링과 구두점을 올바르게 썼나요?
> - ☑ 어법에 맞는 문장을 썼나요? (주어와 동사의 일치, 시제 등)

C B번 문제에 관한 영작의 사례입니다. ⓐ~ⓒ 중 잘못된 부분을 찾아 올바르게 써보세요. 잘못된 부분이 없다면 OK라고 쓰세요.

1. ⓐ The woman ⓑ in pajamas ⓒ is getting.

ⓐ
ⓑ
ⓒ

2. ⓐ The girl short sleeves ⓑ drying her hair. ⓒ

ⓐ
ⓑ
ⓒ

3. ⓐ The boy in blond hair ⓑ is have dinner ⓒ too.

ⓐ
ⓑ
ⓒ

실전 유형 대비하기

아래의 글은 부엌에 있는 사람들의 행동을 묘사한 것입니다. (1)~(4)의 빈칸에 들어갈 알맞은 표현을
보기에서 골라 문장을 완성하세요.

eating the fried eggs   talking on the phone
drinking water   cooking fried eggs

There is a family in the kitchen.

The man with glasses is (1) _______________________.

The woman in an apron is (2) _______________________.

The boy in a blue T-shirt is (3) _______________________.

The girl with a school bag is (4) _______________________.

필수 어휘

fried egg 계란 프라이　　**talk on the phone** 전화 통화하다　　**family** 가족
kitchen 부엌　　**apron** 앞치마　　**school bag** 책가방

 NEAT 실전 문제 유형을 풀어보세요.

국가영어능력평가시험

아래의 글은 거실에 있는 사람들의 행동을 묘사한 것이다. 다음 그림을 보고 (1)~(4)의 빈칸을 채워 문장을 완성하시오.

There is a family in the living room.

The woman in a green dress is (1) ________________________.

The man in a dress shirt is (2) ________________________.

The girl with a hair band is (3) ________________________.

The boy with glasses is (4) ________________________.

1 2 3 4

국가영어능력평가시험

아래의 글은 거실에 있는 사람들의 행동을 묘사한 것이다. 다음 그림을 보고 (1)~(4)의
빈칸을 채워 문장을 완성하시오.

There is a family in the living room.

The woman in a white shirt is (1) _________________________ .

The boy with a game is (2) _________________________ .

The girl in a red T-shirt is (3) _________________________ .

The man with glasses is (4) _________________________ .

1 2 3 4

학교 생활

중요 표현 익히기

A 학교 생활과 관련된 다양한 표현을 익혀봅시다.

- learn 배우다
- ask a question 질문을 하다
- go to the library 도서관에 가다
- erase the board 칠판을 지우다
- take a lesson 수업을 받다
- raise a hand 손을 들다
- take notes 필기를 하다
- draw a picture 그림을 그리다

표현연습 위의 표현을 사용하여 학교에서 이루어지는 동작 표현을 현재 진행 시제로 영작해보세요.

1. **A**: 당신은 지금 무엇을 하고 있나요?

What are you doing now?

B: ① 나는 수학을 배우고 있어요.

I ________________________ math.

② 나는 피아노 수업을 받고 있어요.

I ________________________ a piano ________________________.

2. **A**: 당신의 친구는 지금 무엇을 하고 있나요?

What is your friend doing now?

B: ① 그는 질문을 하고 있어요.

He ________________________.

② 그는 그림을 그리고 있어요.

He ________________________.

B 학교 생활과 관련된 다양한 표현을 익혀봅시다.

① **school subjects** 학과목
- English 영어
- math 수학
- PE 체육
- history 역사
- art 미술
- music 음악

② **school supplies** 학용품
- school bag 책가방
- pencil 연필
- eraser 지우개
- pencil case 필통
- notebook 공책
- ruler 자

③ **play** 악기를 연주하다/스포츠를 하다
- play the piano 피아노를 연주하다
- play the recorder 리코더를 연주하다
- play basketball 농구를 하다
- play soccer 축구를 하다
- play tennis 테니스를 치다
- play volleyball 배구를 하다

 **표현연습** 위의 표현을 활용하여 주어진 표현을 알맞게 배열하여 영작해보세요.

1. 나는 역사를 배우고 있어요.

____

(history / am learning / I / .)

2. 소년이 도서관에 가고 있어요.

____

(is going / The boy / to the library / .)

3. 나는 지금 배구를 하고 있어요.

____

(. / now / I am / playing volleyball)

 그림을 보고 보기에서 알맞은 표현을 찾아 문장을 완성하세요.

| in a white T-shirt | with a pencil | with a cap |

1. 

The boy ________________________ is meeting a girl.

2. 

The girl ________________________ is raising her hand.

3. 

The boy ________________________ is drawing a picture.

필수 어휘

white 흰색의 **cap** (야구) 모자 **meet** 만나다
raise her hand 그녀의 손을 들다 **draw a picture** 그림을 그리다

B 그림을 보고 보기에서 알맞은 표현을 찾아 문장을 완성하세요.

is writing on the board   is playing basketball   is taking a lesson

1. 

   The boy in short sleeves

   ___________________________.

2. 

   The girl in a blue T-shirt

   ___________________________.

3. 

   The boy with brown hair

   ___________________________.

필수 어휘

write on the board 칠판에 쓰다   **play basketball** 농구를 하다   **take a lesson** 수업을 받다
short sleeves 반소매 (옷)   **brown hair** 갈색 머리

- 답안을 작성한 후, 아래의 체크리스트를 기준으로 잘못 쓴 부분이 없는지 점검하고 잘못된 부분이 있다면 고쳐봅니다.

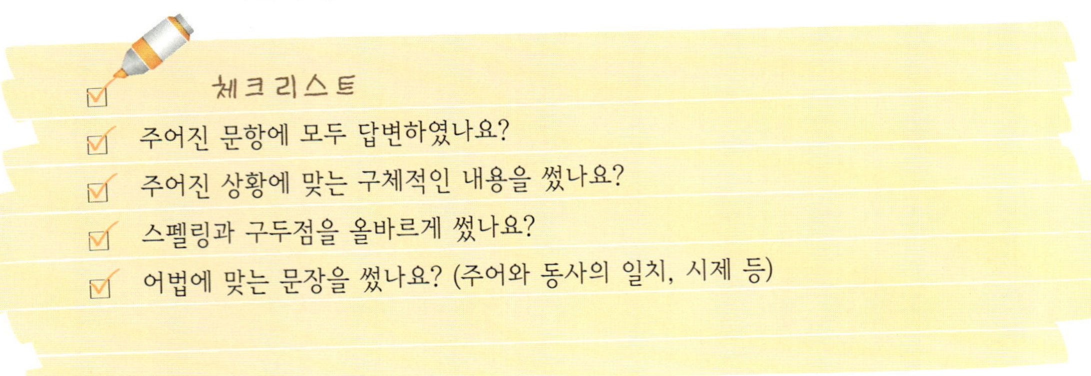

C B번 문제에 관한 영작의 사례입니다. ⓐ~ⓒ 중 잘못된 부분을 찾아 올바르게 써보세요. 잘못된 부분이 없다면 OK라고 쓰세요.

1. ⓐ The boy on short sleeves ⓑ taking a lesson. ⓒ

ⓐ	
ⓑ	
ⓒ	

2. ⓐ The boy in a blue T-shirt ⓑ is write ⓒ with the board.

ⓐ	
ⓑ	
ⓒ	

3. ⓐ The boy ⓑ with brown tie ⓒ is playing basketball.

ⓐ	
ⓑ	
ⓒ	

실전 유형 대비하기

아래의 글은 학교 운동장에 있는 사람들의 행동을 묘사한 것입니다. (1)~(4)의 빈칸에 들어갈 알맞은 표현을 보기에서 골라 문장을 완성하세요.

playing basketball	running
walking	playing baseball

There are some students in the playground.

The girl with a school bag is (1) ___________________.

The boy with a blue cap is (2) ___________________.

The boy in black sneakers is (3) ___________________.

The girl in a yellow T-shirt is (4) ___________________.

필수 어휘

blue 파란색의　　**black** 검은색의　　**sneakers** 운동화　　**yellow** 노란색의

 NEAT 실전 문제 유형을 풀어보세요.

국가영어능력평가시험

아래의 글은 교실에 있는 사람들의 행동을 묘사한 것이다. 다음 그림을 보고 (1)~(4)의 빈칸을 채워 문장을 완성하시오.

There are some people in the classroom.

The woman in a yellow jacket is (1) _________________________ .

The girl with a red hair band is (2) _________________________ .

The boy with a blue cap is (3) _________________________ .

The girl in short sleeves is (4) _________________________ .

1 2 3 4

국가영어능력평가시험 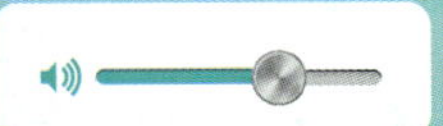

아래의 글은 교실에 있는 사람들의 행동을 묘사한 것이다. 다음 그림을 보고 (1)~(4)의 빈칸을 채워 문장을 완성하시오.

There are some students in the classroom.

The girl with a yellow hair band is (1) ________________________.

The boy with blond hair is (2) ________________________.

The boy in a green T-shirt is (3) ________________________.

The girl with glasses is (4) ________________________.

1 2 3 4

외부 활동

A 외부 활동과 관련된 다양한 표현을 익혀봅시다.

- **meet** ~를 만나다
- **talk to** ~와 얘기하다
- **wait for** ~을 기다리다
- **shop** 물건을 사다
- **eat out** 외식하다
- **go on a trip** 여행가다
- **help** ~을 돕다
- **exercise** 운동하다

 **표현연습** 위의 표현을 사용하여 외부 활동에 관한 동작 표현을 현재 진행 시제로 영작해보세요.

1. **A**: 당신은 지금 무엇을 하고 있나요?

What are you doing now?

B: ① 나는 친구들을 만나고 있어요.

I ___________________________ my friends.

② 나는 친구들과 얘기하고 있어요.

I ___________________________ my friends.

2. **A**: 당신의 오빠는 지금 무엇을 하고 있나요?

What is your brother doing now?

B: ① 그는 물건을 사고 있어요.

He ___________________________ .

② 그는 운동을 하고 있어요.

He ___________________________ .

B 외부 활동과 관련된 다양한 표현을 익혀봅시다.

① **meet**　~를 만나다
- He is meeting his friends. 그는 그의 친구들을 만나고 있다.
- She is meeting the club members. 그녀는 동아리 회원들과 만나고 있다.

② **work**　일하다
- The woman is working at a store. 그 여자는 상점에서 일하고 있다.
- The man is working with a shovel. 그 남자는 삽을 가지고 일하고 있다.

③ **play**　놀다 / (게임 등을) 하다
- The girl is playing with her friends. 그 소녀는 친구들과 놀고 있다.
- The boy is playing a computer game. 그 소년은 컴퓨터 게임을 하고 있다.

 **표현연습**　위의 표현을 활용하여 주어진 표현들을 알맞게 배열하여 영작해보세요.

1. 나는 독서 모임 회원들과 만나고 있어요.

　____

　(the reading club members / am meeting / . / I)

2. 그 남자는 사무실에서 일하고 있어요.

　____

　(at the office / . / is working / The man)

3. 그녀는 친구들과 보드게임을 하고 있어요.

　____

　(a board game / She is playing / . / with her friends)

필수 어휘

members 회원들	**shovel** 삽	**reading club** 독서 모임
office 사무실	**board game** 보드게임	

A 그림을 보고 보기에서 알맞은 표현을 찾아 문장을 완성하세요.

in shorts	with a cap	in short sleeves

1. 

The man ________________ is meeting a friend.

2. 

The girl ________________ is playing in the water.

3. 

The boy ________________ is exercising.

필수 어휘

shorts 반바지　　　　**cap** (야구) 모자　　　　**short sleeves** 반소매 (옷)
in the water 물속에서　　**exercise** 운동하다

 그림을 보고 보기에서 알맞은 표현을 찾아 문장을 완성하세요.

is talking to	is waiting for	is shopping at

1.

The man with a camera

_______________________ a woman.

2.

The woman with a shopping cart

_______________________ the supermarket.

3.

The girl with a school bag

_______________________ a bus.

필수 어휘

talk to ～에게 말하다   **wait for** ～을 기다리다   **shop at** ～에서 쇼핑하다
camera 카메라   **shopping cart** 쇼핑 카트   **supermarket** 슈퍼마켓

● 답안을 작성한 후, 아래의 체크리스트를 기준으로 잘못 쓴 부분이 없는지 점검하고 잘못된 부분이 있다면 고쳐봅니다.

> 체크리스트
> ☑ 주어진 문항에 모두 답변하였나요?
> ☑ 주어진 상황에 맞는 구체적인 내용을 썼나요?
> ☑ 스펠링과 구두점을 올바르게 썼나요?
> ☑ 어법에 맞는 문장을 썼나요? (주어와 동사의 일치, 시제 등)

C B번 문제에 관한 영작의 사례입니다. ⓐ~ⓒ 중 잘못된 부분을 찾아 올바르게 써보세요. 잘못된 부분이 없다면 OK라고 쓰세요.

1.　ⓐ The man in a camera ⓑ is taking ⓒ to a woman.

ⓐ	
ⓑ	
ⓒ	

2.　The woman ⓐ a shopping cart ⓑ is shopping the ⓒ supermarket.

ⓐ	
ⓑ	
ⓒ	

3.　ⓐ The girl with a school bag ⓑ is waiting a bus. ⓒ

ⓐ	
ⓑ	
ⓒ	

아래의 글은 백화점에 있는 사람들의 행동을 묘사한 것입니다. (1)~(4)의 빈칸에 들어갈 알맞은
표현을 보기에서 골라 문장을 완성하세요.

waiting in line helping an old woman
playing a cell phone game looking in the mirror

There are some people in the department store.

The woman in a uniform is (1) ________________________.

The woman in a hat is (2) ________________________.

The boy in short sleeves is (3) ________________________.

The woman in a pink dress is (4) ________________________.

필수 어휘

wait in line 줄을 서서 기다리다 **cell phone game** 휴대폰 게임
look in the mirror 거울을 들여다 보다 **department store** 백화점 **uniform** 유니폼

A NEAT 실전 문제 유형을 풀어보세요.

국가영어능력평가시험

아래의 글은 애완동물 가게에 있는 사람들과 동물들의 행동을 묘사한 것이다. 다음 그림을 보고 (1)~(4)의 빈칸을 채워 문장을 완성하시오.

There are some people and pets in the pet shop.

The woman in an apron is (1) _______________________ .

The pet dog with a red ribbon is (2) _______________________ .

The woman with sunglasses is (3) _______________________ .

The girl with glasses is (4) _______________________ .

| 1 | 2 | 3 | 4 |

국가영어능력평가시험

아래의 글은 공원에 있는 사람들의 행동을 묘사한 것이다. 다음 그림을 보고 (1)~(4)의 빈칸을 채워 문장을 완성하시오.

There are some people in the park.

The boy with a balloon is (1) _____________________ .

The man in blue jeans is (2) _____________________ .

The girl in shorts is (3) _____________________ .

The woman with a hair band is (4) _____________________ .

1 2 3 4

Unit 08 자연 활동

A 자연 활동과 관련된 다양한 표현을 익혀봅시다.

- **throw away** 버리다
- **sweep** (빗자루 등으로) 쓸다
- **clean up** 청소하다
- **put ~ into a recycling bin** ~을 재활용품 수거함에 넣다

 위의 표현을 사용하여 자연 활동과 관련된 표현을 현재 진행 시제로 영작해보세요.

1. **A**: 당신은 지금 무엇을 하고 있나요?

   What are you doing now?

   B: ① 나는 이 병을 재활용품 수거함에 넣고 있어요.

   I ___________________ this bottle into a ___________________.

   ② 나는 학교 운동장을 청소하고 있어요.

   I ___________________ the school playground.

2. **A**: 당신의 친구는 지금 무엇을 하고 있나요?

   What is your friend doing now?

   B: ① 그녀는 방을 쓸고 있어요.

   She ___________________ the room.

   ② 그녀는 쓰레기를 쓰레기통에 버리고 있어요.

   She ___________________ the trash into the trash can.

bottle 병   **trash** 쓰레기   **trash can** 쓰레기통

B 동물과 관련된 다양한 표현을 익혀봅시다.

① **feed**   먹이를 주다
- He is feeding some birds. 그는 새들에게 먹이를 주고 있다.
- She is feeding her cat. 그녀는 고양이에게 먹이를 주고 있다.

② **raise**   기르다
- The woman is raising a pet dog. 그 여자는 애완견을 기르고 있다.
- The man is raising a parrot. 그 남자는 앵무새를 기르고 있다.

③ **take care of**   ~을 돌보다
- The boy is taking care of the sick dog. 그 소년은 아픈 개를 돌보고 있다.
- The girl is taking care of goats. 그 소녀는 염소들을 돌보고 있다.

 위의 표현을 활용하여 주어진 표현을 알맞게 배열하여 영작해보세요.

1. 나는 병아리들에게 먹이를 주고 있어요.

____

(the chicks / feeding / . / I am)

2. 그녀는 애완용 물고기들을 기르고 있어요.

____

(She / . / pet fish / is raising)

3. 그는 불쌍한 강아지들을 돌보고 있어요.

____

(poor puppies / He is / . / taking care of)

필수 어휘

parrot 앵무새	**sick** 아픈	**goat** 염소
chick 병아리	**poor** 불쌍한	**puppies** 강아지들

A 그림을 보고 보기에서 알맞은 표현을 찾아 문장을 완성하세요.

with a school bag	with glasses	in a cap

1.

The zookeeper ___________________ is feeding a lion.

2.

The woman ___________________ is holding a cat in her arms.

3.

The boy ___________________ is looking at flowers.

필수 어휘

zookeeper 동물원 사육사　　　**feed** (동물에게) 먹이를 주다　　　**hold** ~을 들다

 인물의 행동 묘사하기

 그림을 보고 보기에서 알맞은 표현을 찾아 문장을 완성하세요.

| is feeding | is throwing away | is petting |

1. 

The man in dirty clothes

_________________________ the trash.

2. 

The girl in pretty shoes

_________________________ the birds.

3. 

The woman with glasses

_________________________ her pet dog.

필수 어휘

dirty 더러운   **trash** 쓰레기   **pretty** 예쁜   **pet** (동물 등을) 쓰다듬다

● 답안을 작성한 후, 아래의 체크리스트를 기준으로 잘못 쓴 부분이 없는지 점검하고 잘못된 부분이 있다면 고쳐봅니다.

체크리스트
- ☑ 주어진 문항에 모두 답변하였나요?
- ☑ 주어진 상황에 맞는 구체적인 내용을 썼나요?
- ☑ 스펠링과 구두점을 올바르게 썼나요?
- ☑ 어법에 맞는 문장을 썼나요? (주어와 동사의 일치, 시제 등)

C B번 문제에 관한 영작의 사례입니다. ⓐ~ⓒ 중 잘못된 부분을 찾아 올바르게 써보세요. 잘못된 부분이 없다면 OK라고 쓰세요.

1. ⓐ The man on dirty clothes ⓑ is throw away ⓒ the trash.

ⓐ	
ⓑ	
ⓒ	

2. ⓐ The girl in pretty shoes ⓑ is feed the birds. ⓒ

ⓐ	
ⓑ	
ⓒ	

3. ⓐ the woman ⓑ with glasses ⓒ is petting.

ⓐ	
ⓑ	
ⓒ	

아래의 글은 농장에 있는 사람들의 행동을 묘사한 것입니다. (1)~(4)의 빈칸에 들어갈 알맞은 표현을 보기에서 골라 문장을 완성하세요.

feeding some cows   sweeping the ground

petting a dog   giving water to some cows

There are some people on the farm.

The man in boots is (1) ________________________.

The woman with a hat is (2) ________________________.

The boy in a yellow shirt is (3) ________________________.

The girl in a pink dress is (4) ________________________.

필수 어휘

feed 먹이를 주다   **sweep** 빗자루로 쓸다   **ground** 땅   **pet** 쓰다듬다

 NEAT 실전 문제 유형을 풀어보세요.

국가영어능력평가시험

아래의 글은 공원에 있는 사람들과 동물들의 행동을 묘사한 것이다. 다음 그림을 보고 (1)~(4)의 빈칸을 채워 문장을 완성하시오.

There are some people and animals in the park.

The girl in a yellow dress is (1) ________________________.

The puppy in a red ribbon and the other puppy in a blue ribbon (2) ________________________.

The man in a green T-shirt is (3) ________________________.

The girl with glasses is (4) ________________________.

1 2 3 4

국가영어능력평가시험

아래의 글은 산에 있는 사람들의 행동을 묘사한 것이다. 다음 그림을 보고 (1)~(4)의 빈칸을 채워 문장을 완성하시오.

There are some people on the mountain.

The boy with a yellow cap is (1) ___________________.

The man with a hat is (2) ___________________.

The man with a pole is (3) ___________________.

The girl with a red hair band is (4) ___________________.

1 2 3 4

OPEN NEAT

WRITING Part 3

편지 쓰기

차례

- 유형 미리 보기
- Unit 9 초대하기
- Unit 10 제안 / 권유하기

유형 미리 보기 – 편지 쓰기

1 문제 보기

다음은 민수(Minsu)가 자신의 생일 파티에 친구들을 초대하는 이메일이다. 다음에 주어진 세 가지 정보를 포함하여 글을 쓰시오.

1. Date: This Saturday
2. Time: 12 p.m.
3. Place: My house

Dear friends,

____

____

____

Best regards,
Minsu

2 문제 풀이와 모범 답안

- 문제 풀이: 민수가 자신의 생일 파티에 친구를 초대하는 이메일 쓰기입니다.
- 모범 답안: This Saturday is my birthday, and I'm having a party at my house. I hope you can come to my birthday party! The party starts at 12 p.m. My mom will cook tasty food for us. See you then!

  이번 토요일은 내 생일이고 우리 집에서 파티를 열려고 해. 나는 너희들이 내 생일 파티에 왔으면 좋겠어. 파티는 오후 12시에 시작해. 엄마가 우리를 위해 맛있는 음식을 요리해 주실 거야. 그때 보자!

3 문제 파고 들기

① 편지 쓰기란 어떤 문제인가요?

- 지시문에 주어진 목적에 맞게 이메일 또는 편지를 쓰는 문제입니다.
- 주어진 세 가지 정보를 모두 포함하여 짜임새 있게 편지를 완성하세요.
- 편지 쓰기에 주어진 시간은 총 10분입니다.

② 편지 쓰기에는 주로 어떤 내용이 나오나요?

- 초대하기
- 요청 / 부탁하기
- 요청에 응답하기
- 제안 / 권유하기
- 문의하기
- 불평하기

4 문제 해결하기

① 제시어에 나타나 있는 편지의 목적을 정확하게 파악하여 주제에 맞는 편지를 쓰세요.

- 다음은 민수(Minsu)가 자신의 생일 파티에 친구들을 초대하는 이메일이다.

② 주어진 세 가지 정보을 모두 포함하여 쓰세요.

- Date: Time: Place:

③ 편지 쓰기를 작성한 후에는 다시 한 번 스스로 다음과 같은 내용에 맞게 썼는지 점검하세요.

과제 완성	지시문에 주어진 목적에 맞는 편지를 작성했나요?
	세 가지 정보를 모두 제시했나요?
내용	주제와 목적에 맞는 편지 내용인가요?
언어 사용	스펠링과 구두점을 올바르게 썼나요?
	어법에 맞는 문장을 썼나요?
구성	편지의 형식에 맞는 구성을 갖추었나요?
	문장과 문장의 연결이 자연스럽고 적절한가요?

④ 다양한 목적과 관련된 표현들을 평소에 많이 익혀두세요.

초대하기

 **중요 표현 익히기**

A 상대방을 초대하는 다양한 표현을 익혀봅시다.

- **I'd like to invite you to ~** ~에 당신을 초대하고 싶습니다
- **I'd like you to come to ~** ~에 당신이 와 주셨으면 합니다

 **표현연습** 위에 주어진 초대 표현을 사용하여 문장을 완성하세요.

1. ① 나의 생일 파티에 당신을 초대하고 싶어요.

_______________________________ my birthday party.

② 나의 생일 파티에 당신이 와주셨으면 합니다.

_______________________________ my birthday party.

2. ① 축제에 당신을 초대하고 싶어요.

_______________________________ the festival.

② 축제에 당신이 와주셨으면 합니다.

_______________________________ the festival.

필수 어휘

I'd like to ~. ~하고 싶다.　　　　**invite** 초대하다　　　　**festival** 축제

B 상대방을 초대하는 다양한 표현을 익혀봅시다.

- Would you come to ~?   ~에 와 주시겠습니까?
- Why don't you come to ~?   ~에 와 주시는 게 어때요?

 위에 주어진 초대 표현을 사용하여 문장을 완성하세요.

1. ① 나의 졸업식에 와 주시겠습니까?

________________________ my graduation?

② 나의 졸업식에 와 주시는 게 어때요?

________________________ my graduation?

2. ① 나의 음악회에 와 주시겠습니까?

________________________ my music concert?

② 나의 음악회에 와 주시는 게 어때요?

________________________ my music concert?

필수 어휘

Why don't you ~? ~하는 게 어때요?   **graduation** 졸업식   **music concert** 음악회

A 보기에서 알맞은 말을 골라 편지를 완성하세요.

● 다음은 수진(Sujin)이가 자신이 참가하는 연설 대회(speech contest)에 친구들을 초대하는 이메일입니다. 다음에 주어진 세 가지 정보를 포함하여 글을 쓰세요.

---

1. Date: August 15th
2. Time: 10 o'clock in the morning
3. Place: The Student Hall

인사말 Dear friends,

본문 I'd like to invite you to my ① _______________________ .
                                                        (초대하는 곳)

It will be on ② _______________________ .
                          (날짜)

It starts at ③ _______________________ in the morning at
                        (시간)

④ _______________________ .
          (장소)

Please come and see me to cheer me on.
See you then. Bye!

맺음말 Best regards,

서명 Sujin

August 8월   **the Student Hall** 학생회관   **dear** 친애하는
cheer on 응원하다   **then** 그때에   **best regards** 마음을 담아

쓰기 단계 2   편지 쓰기

B 보기에서 알맞은 말을 골라 편지를 완성하세요.

● 다음은 동진(Dongjin)이가 친구들을 생일 파티에 초대하는 이메일입니다. 다음에 주어진 세 가지 정보를 포함하여 글을 쓰세요.

Date: November 5th
Time: From 12:00 to 2:00 p.m.
Place: My house

12:00 to 2:00 p.m.　　　　　　November 5th
Would you come　　　　　　　my house

인사말　Dear friends,

본문　① _________________________ to my birthday party? My birthday is

on ② _________________________ . I will have my birthday party from

③ _________________________ . The party will be at

④ _________________________ . My mom will make us some delicious

food. Let's have a good time!

맺음말　Best regards,
서명　Dongjin

필수 어휘

November 11월　　　　**birthday party** 생일 파티　　　　**delicious** 맛있는
Let's ~. ~하자.　　　　**have a good time** 좋은 시간을 보내다

● 편지를 작성한 후, 아래의 체크리스트를 기준으로 잘못 쓴 부분이 없는지 점검하고 잘못된 부분이 있다면 고쳐봅니다.

체크리스트
- ☑ 지시문에 주어진 상황과 목적에 맞는 편지를 썼나요?
- ☑ 주어진 세 가지 정보를 모두 포함하여 편지를 썼나요?
- ☑ 스펠링과 구두점을 올바르게 썼나요?
- ☑ 어법에 맞는 문장을 썼나요? (주어와 동사의 일치, 시제 등)

C B번 초대하기 편지에 관한 영작의 사례입니다. ⓐ~ⓒ 중 잘못된 부분을 찾아 올바르게 써보세요. 잘못된 부분이 없다면 OK라고 쓰세요.

1. ⓐ My birthday is ⓑ November 5. ⓒ

ⓐ	
ⓑ	
ⓒ	

2. ⓐ I will have ⓑ my birthday party ⓒ 12 to 2 p.m.

ⓐ	
ⓑ	
ⓒ	

3. ⓐ The party will be ⓑ at your house. ⓒ

ⓐ	
ⓑ	
ⓒ	

실전 유형 대비하기

B 주어진 표현을 알맞게 배열하여 편지를 완성해보세요.

● 다음은 종호(Jongho)가 친구 지영(Jiyeong)이를 민수(Minsu)의 생일 파티에 초대하는 이메일입니다. 다음에 주어진 세 가지 정보를 포함하여 글을 쓰세요.

Date: This Saturday
Time: 3 p.m.
Place: Minsu's home

Hi, Jiyeong!

This Saturday is Minsu's birthday.

____

(this Saturday /. / I'd like to / to his birthday party / invite you)

____

(a surprise party / We will throw / for him / .)

____

(at 3 p.m. / at Minsu's home / . / The party starts)

____

(will come / . / you / I really hope)

See you there. Bye!

Best regards,
Jongho

필수 어휘

Saturday 토요일
throw a surprise party 깜짝 파티를 열다

invite 초대하다
start 시작하다

hope 바라다

A NEAT 실전 문제 유형을 풀어보세요.

국가영어능력평가시험 

다음은 민호(Minho)가 자신의 바이올린 연주회(violin recital)에 친구들을 초대하는 이메일이다. 다음에 주어진 세 가지 정보를 포함하여 글을 쓰시오.

Date: This Saturday
Time: 5:00 p.m.
Place: The School Music Hall

Dear friends,

____

____

____

Best regards,
Minho

1 2 3 4

B NEAT 실전 문제 유형을 풀어보세요.

국가영어능력평가시험

다음은 윤호(Yunho)가 친구 종미(Jongmi)를 점심 식사에 초대하는 이메일이다. 다음에 주어진 세 가지 정보를 포함하여 글을 쓰시오.

Date: This Sunday
Time: 12:30 p.m.
Place: My house

Hi, Jongmi!

____

____

____

Best regards,
Yunho

1 2 3 4

Unit 10

제안 / 권유하기

 **A** 상대방에게 뭔가를 제안하는 표현을 익혀봅시다.

- Let's ~.   ~ 하자.
- Why don't we ~?   우리가 ~을 하는 게 어떨까요?
- How about –ing?   ~ 하는 것은 어때요?

 위에 주어진 제안의 표현을 사용하여 문장을 완성하세요.

1. ① 지금 시작하자.

__________________________ start now.

② 우리가 지금 시작하는 게 어떨까요?

__________________________ start now?

③ 지금 시작하는 건 어때요?

__________________________ starting now?

2. ① 그를 여기서 기다리자.

__________________________ wait for him here.

② 우리 여기서 그를 기다리는 게 어떨까요?

__________________________ wait for him here?

③ 여기서 그를 기다리는 건 어때요?

__________________________ waiting for him here?

필수 어휘

start 출발하다   **now** 지금   **wait for** ~을 기다리다

 상대방에게 뭔가를 권유하는 표현을 익혀봅시다.

- Why don't you ~?　　　당신은 ~을 하는 게 어때요?
- You had better ~.　　　당신은 ~을 하는 게 좋겠어요.
- You should ~.　　　당신은 ~을 해야 해요.

표현연습　위에 주어진 권유의 표현을 사용하여 문장을 완성하세요.

1.　① 당신은 잠시 쉬는 게 어때요?

________________________________ take a rest for a while?

② 당신은 잠시 쉬는 게 좋겠어요.

________________________________ take a rest for a while.

③ 당신은 잠시 쉬어야 해요.

________________________________ take a rest for a while

2.　① 너는 사탕을 그만 먹는 게 어때?

________________________________ stop eating candy?

② 너는 사탕을 그만 먹는 게 좋겠어.

________________________________ stop eating candy.

③ 너는 사탕을 그만 먹어야 해.

________________________________ stop eating candy.

필수 어휘

take a rest 쉬다　　　**for a while** 잠시 동안　　　**stop – ing** ~을 그만하다

쓰기 단계 1 편지 형식 익히기

A 보기에서 알맞은 말을 골라 편지를 완성하세요.

- 다음은 민수(Minsu)가 용진(Yongjin)이에게 주말에 자전거를 타자고 제안하는 이메일입니다. 다음에 주어진 세 가지 정보를 포함하여 글을 쓰세요.

> 1. Date: This Saturday
> 2. Time: 10 a.m.
> 3. Place: The park

> at 10 a.m.　　at the park　　this Saturday　　How about riding

인사말 Dear Yongjin,

본문 How are you? I want to play with you.

① ___________________________ a bicycle with me?
(제안하기)

Let's meet ② ___________________________
(시간)

③ ___________________________ ④ ___________________________ .
(날짜)　　　　　　　　　　　　　　　　　　(장소)

See you soon. Bye!

맺음말 Best regards,

서명 Minsu

필수 어휘

at the park 공원에서　　this Saturday 이번 토요일에　　How about ~? ~ 하는 것이 어때?
ride a bicycle 자전거를 타다　　best regards 진심을 담아

쓰기 단계 2 편지 쓰기

B 보기에서 알맞은 말을 골라 편지를 완성하세요.

- 다음은 수진(Sujin)이가 태정(Taejeong)이에게 독서 모임(reading club)에 참여하기를 권유하는 이메일입니다. 다음에 주어진 세 가지 정보를 포함하여 글을 쓰세요.

Date: Every Sunday
Time: 10 a.m.
Place: The Washington Library

Why don't you	the Washington Library
10 a.m.	every Sunday

Hello, Taejeong!

Do you like reading? ① _________________ join the reading club? There is a reading club at ② _________________ . It starts at ③ _________________ ④ _________________ .

I think you can enjoy reading books and talking about the stories. See you then. Bye!

Best regards,
Sujin

필수 어휘

reading club 독서 모임 **Why don't you ~?** ~하는 게 어때? **join** 가입하다
talk about ~에 대해 얘기하다 **stories** 이야기들, 줄거리

● 편지를 작성한 후, 아래의 체크리스트를 기준으로 잘못 쓴 부분이 없는지 점검하고 잘못된 부분이 있다면 고쳐봅니다.

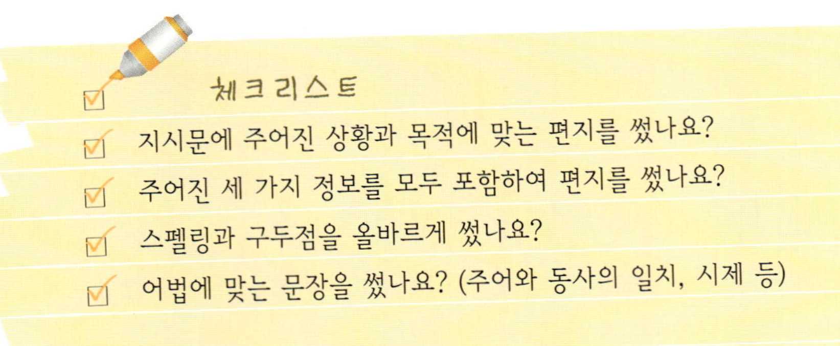

C B번 제안하기 편지에 관한 영작의 사례입니다. ⓐ~ⓒ 중 잘못된 부분을 찾아 올바르게 써보세요. 잘못된 부분이 없다면 OK라고 쓰세요.

1.　ⓐ Why do you ⓑ join the reading club. ⓒ

ⓐ	
ⓑ	
ⓒ	

2.　ⓐ there is ⓑ a reading club ⓒ in my house.

ⓐ	
ⓑ	
ⓒ	

3.　ⓐ It starts ⓑ 10 a.m. ⓒ every sunday.

ⓐ	
ⓑ	
ⓒ	

실전 유형 대비하기

B 주어진 표현을 알맞게 배열하여 편지를 완성해보세요.

- 다음은 지영(Jiyoung)이가 조별 과학 과제를 함께 하기 위해 스터디 그룹(study group)을 함께 하자고 친구들에게 제안하는 이메일입니다. 다음에 주어진 세 가지 정보를 포함하여 글을 쓰세요.

Date: This Saturday
Time: 2:00 p.m.
Place: Classroom 201

Hi, friends!

____

(? / our study group / How about joining)

____

(in the classroom 201 / this Saturday / . / a study group / We will have)

____

(at 2 p.m. / It starts)

I am looking forward to seeing you. Bye!

Best regards,
Jiyoung

필수 어휘

study group 스터디 그룹　　**classroom** 교실　　**look forward to – ing** ～를 매우 기다리다

A NEAT 실전 문제 유형을 풀어보세요.

국가영어능력평가시험 

다음은 태정(**Taejeong**)이가 수용(**Suyong**)이에게 컴퓨터 게임을 하느라 밤늦게까지 있지 말라고 권유하는 이메일이다. 다음에 주어진 세 가지 정보를 포함하여 글을 쓰시오.

> Bedtime: Before 10 p.m.
> Sleeping hours: Over 8 hours
> What to do: Go to sleep early

Dear Suyong,

____

____

____

Best regards,
Taejeong

1 2 3 4

국가영어능력평가시험

다음은 민수(Minsu)가 종국(Jongguk)이에게 새로운 친구를 사귀기 위해 축구를 하라고 제안하는 이메일이다. 다음에 주어진 세 가지 정보를 포함하여 글을 쓰시오.

What to do: Play soccer
Time: 3 p.m. tomorrow
Place: At the school playground

Hi, Jongguk!

____

____

____

Best regards,
Minsu

1 2 3 4

그림 묘사 및 추론하여 글쓰기

차례

- 유형 미리 보기
- Unit 11 일상 생활
- Unit 12 오락 / 행사

1 문제 보기

국가영어능력평가시험 

다음 그림 1, 2, 3은 순서대로 일어난 일이다. 그림 1과 2에 나타난 상황을 각각 묘사하고, 이에 따른 그림 3의 내용을 추론하여 쓰시오.

1

2

3

?

`1` `2` `3` `4`

2 문제 풀이

- 문제 풀이: 소년이 아침에 잠에서 깨어나 아침을 먹는 상황을 묘사하고 그 다음에 버스를 타고 학교에 가는 내용으로 작성해봅니다.

- 모범 답안: A boy gets up in the morning. And he has breakfast with his family. Then he takes a bus to go to school.

  한 소년이 아침에 일어납니다. 그리고 그는 그의 가족과 아침 식사를 합니다. 그리고 나서 그는 학교에 가기 위해 버스를 탑니다.

3 문제 파고 들기

① 그림 묘사 및 추론하여 글쓰기란 어떤 문제인가요?

- 두 개의 그림을 보고 다음에 이어질 내용을 예상하여 하나의 이야기로 만드는 문제입니다.
- 주어진 두 개의 그림을 보고 순서대로 묘사한 뒤 다음 상황을 추론해보는 문제로 그림의 내용을 잘 설명해야 할 뿐 아니라 잘 짜여진 한 편의 글을 써야 합니다.
- 답안 작성에 주어진 시간은 15분이며 3급에 출제되는 유형입니다.

② 그림 묘사 및 추론하여 글쓰기에는 주로 어떤 내용이 나오나요?

- 학교나 가정 등 일상 생활에서 일어날 수 있는 다양한 상황
- 물건 분실, 위험에 처한 경우 등의 위기 상황

4 문제 해결하기

① 그림 1과 2의 연결 관계를 먼저 파악한 후 다음에 자연스럽게 이어질 내용을 구상합니다.

- 그림 1: 소년이 아침에 잠에서 깬다. → 그림 2: 소년이 아침밥을 먹는다. → 그림 3: ?

② 답안을 작성한 후에는 다시 한 번 스스로 다음과 같은 내용에 맞게 썼는지 점검하세요.

과제 완성	그림 1과 그림 2의 내용을 묘사하고 그림 3에 이어질 내용을 완성하였나요?
내용	각 그림에 대한 내용을 구체적이고 적절하게 묘사하였나요?
언어 사용	스펠링과 구두점을 올바르게 썼나요?
	어법에 맞는 문장을 썼나요?
구성	완성된 이야기가 앞의 그림들과 적절히 연결되었나요?

③ 이어지는 내용들을 자연스럽게 연결하는 데 필요한 다양한 연결어를 많이 알아두세요.

- and 그리고　　then 그리고 나서　　next 그 다음에
- before ~하기 전에　　after ~하고 나서　　finally 마지막으로

일상 생활

중요 표현 익히기

A '~하다'라는 단순 현재 시제를 익혀봅시다.

① 어떤 사실을 설명할 때 '~하다'라는 단순 현재 시제를 사용합니다.
- **I eat** breakfast every morning. 나는 매일 아침 아침을 먹는다.

② 단순 현재 시제에서는 주어가 he, she, it에 해당하는 3인칭 단수일 때 대부분은 동사의 원형에 '-s'를 붙입니다.
- I / You / We / They **walk**.
- He / She / It / **walks**.

③ 주어가 3인칭 단수일 때 어떤 동사들*은 동사의 원형에 '-es'를 붙입니다.
- push ➡ push**es**   teach ➡ teach**es**   fix ➡ fix**es**

④ 주어가 3인칭 단수일 때 어떤 동사들*은 마지막 글자 y를 i로 바꾸고 '-es'를 붙입니다.
- stud**y** ➡ stud**ies**   tr**y** ➡ tr**ies**

⑤ 주어가 3인칭 단수일 때 어떤 동사들은 동사의 원형이 아예 다른 단어로 변하기도 합니다.
- have ➡ **has**   do ➡ **does**   go ➡ **goes**

③* 단어가 -sh, -ch, -s, -x로 끝나는 동사들
④* 동사의 마지막 글자가 y이면서 y 앞의 글자가 자음인 경우의 동사들

표현연습 주어진 동사를 주어가 3인칭 단수이고 단순 현재 시제일 때의 형태로 써 보세요.

1. eat ______________________
2. go ______________________
3. teach ______________________
4. study ______________________
5. carry ______________________
6. wash ______________________

필수 어휘

walk 걷다	**push** 밀다	**fix** 고치다
try ~을 해보다	**carry** ~을 나르다	**wash** 씻다

 **B** 일상 생활과 관련된 여러 표현을 익혀봅시다.

- go to school   학교에 가다
- use a computer   컴퓨터를 사용하다
- clean up   청소하다
- watch TV   TV를 보다

- take a bus   버스를 타다
- drink water   물을 마시다
- have breakfast   아침을 먹다
- go to the library   도서관에 가다

 위의 표현을 이용하여 단순 현재 시제로 문장을 완성하세요.

1. ① 한 소년이 학교에 갑니다.

A boy ________________________________.

② 한 소년이 물을 마십니다.

A boy ________________________________.

③ 한 소년이 도서관에 갑니다.

A boy ________________________________.

2. ① 한 소녀가 아침을 먹습니다.

A girl ________________________________.

② 한 소녀가 TV를 봅니다.

A girl ________________________________.

③ 한 소녀가 버스를 탑니다.

A girl ________________________________.

다음 그림 1, 2, 3은 순서대로 일어난 일입니다. 다음 문제를 읽고 답하세요.

1  **2**  **3**

?

A 그림 1에 대한 묘사로 적절하지 <u>않은</u> 것을 고르세요.

① A woman is in the restaurant alone.

② A woman reads a menu at the table.

③ A woman waits for a friend in the restaurant.

B 그림 2에 대한 묘사로 적절하지 <u>않은</u> 것을 고르세요.

① The woman meets her friend at the table.

② The woman is happy to meet her friend.

③ The woman and her friend are hungry.

C 그림 3에 들어갈 적절한 내용이 <u>아닌</u> 것을 고르세요.

① They order some delicious food.

② They enjoy lunch together.

③ They go to a different restaurant.

필수 어휘

restaurant 식당	**alone** 혼자	**wait for** ~을 기다리다
be happy to ~해서 기쁘다	**order** 주문하다	**different** 다른

쓰기 단계 2 　그림 묘사 및 추론하여 글쓰기

다음 그림 1, 2, 3은 순서대로 일어난 일입니다. 다음 문제를 읽고 답하세요.

1	2	3
		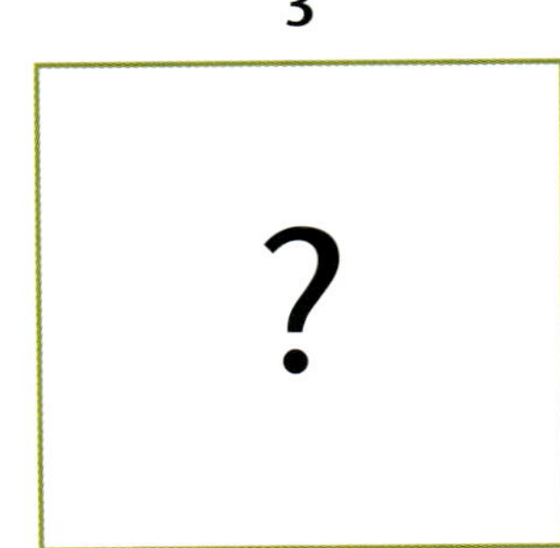

A 주어진 표현을 이용하여 그림 1과 2에 대한 묘사를 단순 현재 시제로 완성하세요.

1. A boy ____________________________________ .
(arrive at the school)

2. And he ____________________________________ .
(walk into the classroom)

B 주어진 표현을 이용하여 그림 3에 적절한 세 가지 내용을 만들어보세요.

3-1. Then he ____________________________________ .
(say "Hello!" to his classmates)

3-2. Then he ________________________ and ________________________ .
(sit on his chair)　　　　　　　　　(take out books)

3-3. Then he ____________________________________ .
(talk with his classmates)

필수 어휘

arrive at ~에 도착하다	**walk into** ~로 걸어 들어가다	**classmates** 같은 반 친구들
take out ~을 꺼내다	**talk with** ~와 얘기하다	

● 이야기를 작성한 후, 아래의 체크리스트를 기준으로 잘못 쓴 부분이 없는지 점검하고 잘못된 부분이 있다면 고쳐봅니다.

☑ 체크리스트
☑ 그림 1과 그림 2의 내용을 묘사하고 그림 3에 이어질 내용을 완성하였나요?
☑ 각 그림에 대한 내용을 구체적이고 적절하게 묘사하였나요?
☑ 완성된 이야기가 앞의 그림들과 논리적으로 연결되었나요?
☑ 스펠링과 구두점을 올바르게 썼나요?
☑ 어법에 맞는 문장을 썼나요? (주어와 동사의 일치, 시제 등)

C A번과 B번 문제에 관한 영작의 사례입니다. ⓐ~ⓒ 중 잘못된 부분을 찾아 올바르게 써보세요. 잘못된 부분이 없다면 OK라고 쓰세요.

1.   ⓐ A boy ⓑ arrive at ⓒ the office.

ⓐ	
ⓑ	
ⓒ	

2.   ⓐ But ⓑ he walk ⓒ into the classroom.

ⓐ	
ⓑ	
ⓒ	

3.   ⓐ Then ⓑ he is saying "Hello!" ⓒ to his classmates

ⓐ	
ⓑ	
ⓒ	

실전 유형 대비하기

A 다음 그림 1, 2, 3은 순서대로 일어난 일입니다. 그림 1과 2에 나타난 상황을 각각 묘사하고, 이에 따른 그림 3의 내용을 추론한 다음, 주어진 단어를 알맞게 배열하여 하나의 완성된 이야기가 되도록 영작하세요.

1	2	3
		?

1. ____

(at the desk / . / reads a book / A girl)

2. ____

(she feels / But /. / tired)

3. ____

(she gets / outside / So / . / some fresh air)

B 1~3번을 연결하여 하나의 이야기로 완성해보세요.

____

____

____

필수 어휘

but 그러나
get fresh air 신선한 공기를 쐬다
feel (특정한 기분을) 느끼다
outside 야외에서
tired 피곤한

 NEAT 실전 문제 유형을 풀어보세요.

국가영어능력평가시험 

다음 그림 1, 2, 3은 순서대로 일어난 일이다. 그림 1과 2에 나타난 상황을 각각 묘사하고, 이에 따른 그림 3의 내용을 추론하여 쓰시오.

1	2	3
		?

1 2 3 4

B　NEAT 실전 문제 유형을 풀어보세요.

국가영어능력평가시험

다음 그림 1, 2, 3은 순서대로 일어난 일이다. 그림 1과 2에 나타난 상황을 각각 묘사하고, 이에 따른 그림 3의 내용을 추론하여 쓰시오.

1

2

3

?

1　2　3　4

Unit 12 오락 / 행사

 **A** 오락이나 행사와 관련된 여러 표현을 익혀봅시다.

- go on a picnic 소풍 가다
- join in ~에 참가하다
- have a piano recital 피아노 연주회를 갖다
- go hiking in a group 단체로 도보여행을 가다
- play a game 게임을 하다
- a speech contest 연설 대회
- ride a bicycle 자전거를 타다

 **표현연습** 위의 표현을 이용하여 단순 현재 시제로 문장을 완성하세요.

1. ① 한 소년이 자전거를 탑니다.

A boy __________________________ .

② 한 소년이 연설 대회에 참가합니다.

A boy __________________________ .

③ 한 소년이 게임을 합니다.

A boy __________________________ .

2. ① 한 소녀가 소풍을 갑니다.

A girl __________________________ .

② 한 소녀가 단체로 도보여행을 갑니다.

A girl __________________________ .

③ 한 소녀가 피아노 연주회를 갖습니다.

A girl __________________________ .

B 여러 가지 연결어를 익혀봅시다.

① **and**   그리고
- She goes to the supermarket, **and** she buys some fruit.

② **then**   그리고 나서
- I come back home. **Then** I wash my hands.

③ **next**   그 다음에
- A boy takes a math class. **Next**, he takes a piano lesson.

④ **so**   그래서
- A woman feels sick **so** she sees a doctor.

 다음의 빈칸에 들어갈 적절한 연결어를 쓰세요.

1. 그는 숙제를 합니다. 그리고 나서 그는 컴퓨터 게임을 합니다.

He does his homework. _______________ he plays a computer game.

2. 그녀는 배가 고파서 그녀는 빵을 삽니다.

She is hungry _______________ she buys a sandwich.

3. 그는 연설대회에 참가합니다. 그 다음에 그는 피아노 연주회를 갖습니다.

He joins in a speech contest. _______________, he has a piano recital.

4. 그녀는 영어도 말하고, 그녀는 중국어도 말합니다.

She speaks English, _______________ she speaks Chinese, too.

필수 어휘

buy 사다	**come back home** 집에 돌아오다	
take a lesson 강습을 받다	**see a doctor** 진찰을 받다	**Chinese** 중국어

 그림 묘사 및 추론하기

다음 그림 1, 2, 3은 순서대로 일어난 일입니다. 다음 문제를 읽고 답하세요.

1 **2** **3**

?

A 그림 1에 대한 묘사로 적절하지 <u>않은</u> 것을 고르세요.

① A girl looks out the window.
② A girl wears a hat for hiking.
③ A girl is ready to go hiking.

B 그림 2에 대한 묘사로 적절하지 <u>않은</u> 것을 고르세요.

① The girl meets her friends at the mountain.
② The girl and her friends talk to each other.
③ The girl is thirsty and drinks water.

C 그림 3에 들어갈 적절한 내용이 <u>아닌</u> 것을 고르세요.

① They go hiking up the mountain.
② They ride bicycles on the playground.
③ They enjoy climbing up the mountain.

필수 어휘

look out 밖을 보다	**hiking** 등산	**be ready to** ~할 준비가 되다
each other 서로	**thirsty** 목마른	**climb up** ~를 올라가다

쓰기 단계 2 그림 묘사 및 추론하여 글쓰기

다음 그림 1, 2, 3은 순서대로 일어난 일입니다. 다음 문제를 읽고 답하세요.

1

2

3

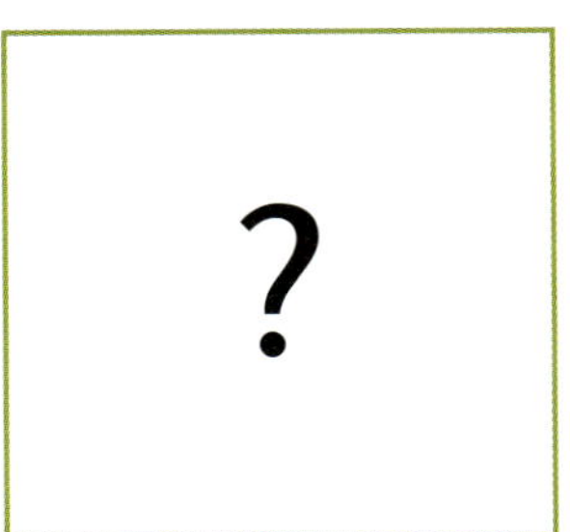

A 주어진 표현을 이용하여 그림 1과 2에 대한 묘사를 단순 현재 시제로 완성하세요.

1. A boy ________________________________ .
(sit on the grass with his friends)

2. And he and his friends ________________________________ .
(sing songs together)

B 주어진 표현을 이용하여 그림 3에 적절한 세 가지 내용을 만들어보세요.

3-1. Next, he ________________________________ .
(play games with his friends)

3-2. He ________________________ so he ________________________ .
(get hungry) (have lunch with his friends)

3-3. Then he ________________________ and ________________________ .
(lie down) (look up at the sky)

필수 어휘

grass 잔디	**sing songs** 노래를 부르다	**get hungry** 배고프다
lie down 눕다	**look up** 올려다 보다	

 작성한 이야기 다시 점검하기

● 이야기를 작성한 후, 아래의 체크리스트를 기준으로 잘못 쓴 부분이 없는지 점검하고 잘못된 부분이 있다면 고쳐봅니다.

체크리스트

☑ 그림 1과 그림 2의 내용을 묘사하고 그림 3에 이어질 내용을 완성하였나요?

☑ 각 그림에 대한 내용을 구체적이고 적절하게 묘사하였나요?

☑ 완성된 이야기가 앞의 그림들과 논리적으로 연결되었나요?

☑ 스펠링과 구두점을 올바르게 썼나요?

☑ 어법에 맞는 문장을 썼나요? (주어와 동사의 일치, 시제 등)

C A번과 B번 문제에 관한 영작의 사례입니다. ⓐ～ⓒ 중 잘못된 부분을 찾아 올바르게 써보세요. 잘못된 부분이 없다면 OK라고 쓰세요.

1. ⓐ A boy sit ⓑ on the grass ⓒ his friends

ⓐ	
ⓑ	
ⓒ	

2. ⓐ But ⓑ he and his friends ⓒ sings songs together.

ⓐ	
ⓑ	
ⓒ	

3. ⓐ He getting hungry ⓑ because he has lunch ⓒ with his friends.

ⓐ	
ⓑ	
ⓒ	

실전 유형 대비하기

A 다음 그림 1, 2, 3은 순서대로 일어난 일입니다. 그림 1과 2에 나타난 상황을 각각 묘사하고, 이에 따른 그림 3의 내용을 추론한 다음, 주어진 단어를 알맞게 배열하여 하나의 완성된 이야기가 되도록 영작하세요.

1	2	3
		?

1. ____

(at the pool / . / A boy is)

2. ____

(a water slide / He finds / .)

3. ____

(He / screams / . / slides down the slide / and)

B 1~3번을 연결하여 하나의 이야기로 완성해보세요.

____

____

____

필수 어휘

pool 수영장　　　　　　**find** 발견하다　　　　　　**water slide** 수영장 미끄럼틀
slide down the slide 미끄럼틀을 타고 내려오다　　　　　　**scream** (신이 나서) 소리 지르다

 NEAT 실전 문제 유형을 풀어보세요.

국가영어능력평가시험

다음 그림 1, 2, 3은 순서대로 일어난 일이다. 그림 1과 2에 나타난 상황을 각각 묘사하고, 이에 따른 그림 3의 내용을 추론하여 쓰시오.

1

2

3

?

1 2 3 4

국가영어능력평가시험 

다음 그림 1, 2, 3은 순서대로 일어난 일이다. 그림 1과 2에 나타난 상황을 각각 묘사하고, 이에 따른 그림 3의 내용을 추론하여 쓰시오.

1	2	3
		?

1 2 3 4

OPEN NEAT

1 상황에 맞는 짧은 글쓰기

친구가 이번 주말에 배드민턴을 치자고 하는데, 이를 거절해야 하는 상황이다. 다음 제시된 세 가지 상황 중 하나를 선택한 후, 주어진 단어나 어구를 활용하여 상황에 알맞게 거절하는 메시지를 완전한 2~3개의 문장으로 작성하시오.

1	2	3

- meet my friend - do homework	- have a plan - see a movie	- visit my grandparents - eat out

2 그림 세부 묘사 완성하기

아래의 글은 교실에 있는 사람들의 행동을 묘사한 것이다. 다음 그림을 보고 (1)~(4)의 빈칸에
문장을 완성하시오.

There are some people in the classroom.

The woman with glasses is (1) ________________________.

The girl in short sleeves is (2) ________________________.

The boy sitting next to the girl is (3) ________________________.

The boy in a green T-shirt is (4) ________________________.

다음은 진수(Jinsu)가 친구들에게 함께 축구를 하자고 제안하는 이메일이다. 다음에 주어진 세 가지 정보를 포함하여 글을 쓰시오.

Place: School playground
When: This Saturday
Time: 2 p.m.

To:
Cc:
Subject:

Message

Dear friends,

____

____

____

____

____

Best regards,
Jinsu

4 그림 묘사 및 추론하여 글쓰기

다음 그림 1, 2, 3은 순서대로 일어난 일이다. 그림 1과 2에 나타난 상황을 각각 묘사하고, 이에 따른 그림 3의 내용을 추론하여 쓰시오.

1

2

3

?

MEMO

OPEN NEAT

National English Ability Test

WRITING

Level 1

정답 및 해석

Part 1 상황에 맞는 짧은 글쓰기

Unit 01 거절하기

표현 연습 pp.14-15

A 1. I am sorry, but I can't. / I am afraid I can't.
   2. I'd love to, but I can't. / I'd like to, but I can't.

B 1. I need to buy a new pair of shoes.
   2. You should see a dentist.
   3. I have to study for this test.

A

1. I am sorry, but I can't.
   I am afraid I can't.
   미안하지만 안 될 것 같아요.

2. I'd love to, but I can't.
   I'd like to, but I can't.
   나도 그러고 싶지만 안 될 것 같아요.

B

1. I need to buy a new pair of shoes.
   나는 새 신발을 사야 해요.

2. You should see a dentist.
   당신은 치과에 가야 해요.

3. I have to study for this test.
   나는 이번 시험을 위해 공부를 해야 해요.

쓰기 단계 1 p.16

A 1. go shopping
   2. do a lot of homework
   3. visit my grandparents

A

1. I am sorry, but I can't.
   I have to go shopping with my mom.

   미안하지만 안 될 것 같아.
   엄마랑 쇼핑 가야 해.

2. I'd love to, but I can't.
   I need to do a lot of homework.

   나도 그러고 싶지만 안 될 것 같아.
   많은 숙제를 해야 해.

3. I'd like to, but I can't.
   I should visit my grandparents this weekend.

   나도 그러고 싶지만 안 될 것 같아.
   이번 주말에 할아버지, 할머니를 뵈어야 해.

쓰기 단계 2 p.17

B 1. I'm sorry / I'd love to / I'd like to, take my
      piano lesson at 5 p.m.
   2. I'm afraid, have a cold, see a doctor
   3. I'd like to / I'd love to / I'm sorry, my friend's
      birthday, go to the party

A

1. I'm sorry / I'd love to / I'd like to, but I can't.
   I should take my piano lesson at 5 p.m.

   미안하지만 / 나도 그러고 싶지만, 안 될 것 같아.
   오후 5시에 피아노 수업을 들어야 해.

2. I'm afraid I can't.
   I have a cold so I need to see a doctor.

   미안하지만 안 될 것 같아.
   감기에 걸려서, 병원에 가야 해.

3. I'd like to / I'd love to / I'm sorry, but I can't.
   It's my friend's birthday so I have to go to the
   party.

나도 그러고 싶지만 / 미안하지만, 안 될 것 같아.
내 친구 생일이어서 생일 파티에 가야 해.

쓰기 단계 3
p.18

C 1. ⓐ I'm sorry, but I can't.
ⓑ OK
ⓒ at 5 p.m.
2. ⓐ I'm afraid I can't.
ⓑ OK
ⓒ so I need to see a doctor.
3. ⓐ I'd like to, but I can't.
ⓑ It's my friend's birthday
ⓒ so I have to go to the party.

실전 유형 대비하기
p.19

1. I'm afraid I can't.
I have to go to the library. So I have no time.
2. I'm sorry, but I can't.
I have to see a doctor because I have a
headache.
3. I'd love to, but I can't.
I have to help my mother wash the dishes.

1. I'm afraid I can't.
I have to go to the library. So I have no time.

미안하지만 안 될 것 같아.
도서관에 가야 해. 그래서 시간이 없어.

2. I'm sorry, but I can't.
I have to see a doctor because I have a headache.

미안하지만 안 돼.
두통이 있어서 병원에 가야 해.

3. I'd love to, but I can't.
I have to help my mother wash the dishes.

나도 그러고 싶지만 안 될 것 같아.
엄마 설거지하시는 거 도와드려야 해.

단원 평가
pp.20-21

A

모범 답안

1. I am sorry, but I can't. I want to watch a baseball game on TV.
미안하지만 안 될 것 같아. TV에서 하는 야구 경기를 보고 싶어.

2. I'd love to, but I can't. I have to do my homework at home.
나도 그러고 싶지만 안 될 것 같아. 집에서 숙제를 해야 해.

3. I'm afraid I can't. I should go out for lunch.
미안하지만 안 될 것 같아. 점심 먹으러 밖에 나가야 해.

필수 어휘

watch 보다 / baseball game 야구 경기 /
on TV TV에서 하는 /
do one's homework ~의 숙제를 하다 / at home 집에서 /
go out 밖에 나가다 / for lunch 점심 먹으러

해설

'I am sorry, but I can't.' 등과 같은 표현을 사용하여 거절을 하가 되어 아쉬운 마음을 표현하고, 'TV에서 하는 야구경기를 보려고 한다 (watch a baseball game on TV)' 든지, '집에서 숙제를 해야 한다 (do my homework at home)' 와 같은 거절의 이유를 적어주도록 합니다.

B

모범 답안

1. I am afraid I can't. I need to rest at home.
미안하지만 안 될 것 같아. 집에서 쉬어야 해.

2. I'm sorry, but I can't. I have to help my mom so I need to clean the house.
미안하지만 안 될 것 같아. 엄마를 도와드려야 해서, 내가 집 청소를 해야 해.

3. I am sorry, but I can't. I should read books at the library.
미안하지만 안 될 것 같아. 도서관에서 책을 읽어야 해.

rest 쉬다 / clean 청소를 하다 / have to ~해야만 하다 /
need to ~할 필요가 있다 / clean 청소하다 / library 도서관

'I'm afraid I can't'와 같은 표현으로 아쉬운 마음을 표현하
고 '쉬어야 한다 (need to rest)', '엄마를 도와드려야 한다
(have to help my mom)', '도서관에서 책을 읽어야 한다
(should read books at the library)'와 같은 거절의 이유를
적어 주도록 합니다.

Unit 02 충고 / 조언하기

표현 연습 pp.22-23

A 1. ① You'd better ② You need to
  ③ You should

B 1. ① You'd better not ② You should not
  2. ① You'd better not ② You should not

A

1. ① <u>You'd better</u> go home and sleep now.
  당신은 지금 집에 가서 자는 게 좋겠어요.

  ② <u>You need to</u> go home and sleep now.
  당신은 지금 집에 가서 자는 게 필요해요.

  ③ <u>You should</u> go home and sleep now.
  당신은 지금 집에 가서 자야 해요.

B

1. ① <u>You'd better not</u> stay up.
  당신은 늦게 자지 않는 게 좋겠어요.

  ② <u>You should not</u> stay up.
  당신은 늦게 자지 말아야 해요.

2. ① <u>You'd better not</u> play in the mud.
  너는 진흙탕에서 놀지 않는 게 좋겠어.

  ② <u>You should not</u> play in the mud.
  너는 진흙탕에서 놀면 안 돼.

쓰기 단계 1 p.24

A 1. get up at 7 o'clock **2.** get better
  3. get a good score

A

1. A: I am late for school.
   B: You'd better go to bed early. Then you can <u>get
   up at 7 o'clock.</u>

   A: 나는 학교에 늦었어.
   B: 너는 일찍 잠을 자는 게 좋겠어. 그럼 7시에 일어날 수
   있어.

2. A: I think I have a fever.
   B: You should see a doctor. Then you will <u>get
   better.</u>

   A: 열이 좀 있는 것 같아.
   B: 병원에 가보는 게 좋겠어. 그럼 몸이 좋아질 거야.

3. A: I have an English test on Friday.
   B: You need to study hard so you can <u>get a good
   score.</u>

   A: 금요일에 영어 시험이 있어.
   B: 좋은 성적을 받을 수 있도록 너는 열심히 공부해야 해.

쓰기 단계 2 p.25

B 1. not fight, friendly
  2. stop fighting, play with
  3. be nice, your family

B

1. You should <u>not fight</u> with your sister.
   You need to be <u>friendly</u> to her.

   여동생이랑 싸워서는 안 돼.
   너는 동생에게 다정하게 대할 필요가 있어.

2. You'd better <u>stop fighting</u> with her.
   Then she will <u>play with</u> you.

   여동생과 싸우지 않는 게 좋겠어.
   그러면 네 동생도 너랑 같이 잘 놀 거야.

3. You need to <u>be nice</u> to her.
   She is <u>your family</u>.

   너는 여동생에게 잘 해줘야 해.
   그녀는 너의 가족이야.

쓰기 단계 3 p.26

C 1. ⓐ You should not fight
      ⓑ OK
      ⓒ You need to be friendly to her.
  2. ⓐ You'd better stop fighting with her.
      ⓑ Then she will play with you.
      ⓒ OK
  3. ⓐ You need to be nice
      ⓑ OK
      ⓒ She is your family.

실전 유형 대비하기 p.27

1. You'd better exercise.
   You can go to bed early.
2. You'd better finish your homework early.
   You should not stay up late.
3. You should not play computer games too late.
   You'd better read books.

1. You'd better exercise.
   You can go to bed early.

   너는 운동을 하는 게 좋겠어.
   너는 일찍 잠자리에 들 수 있어.

2. You'd better finish your homework early.
   You should not stay up late.

너는 일찍 숙제를 끝내는 게 좋겠어.
너는 늦게까지 깨어 있어서는 안 돼.

3. You should not play computer games too late.
   You'd better read books.

   너는 너무 늦게까지 컴퓨터 게임을 해서는 안 돼.
   너는 책을 읽는 것이 좋겠어.

단원 평가 pp.28-29

A

모범 답안

1. You'd better not play computer games too late.
   You'd better go to bed early.
   너는 너무 늦게까지 컴퓨터 게임을 하지 않는 게 좋겠어.
   일찍 잠자리에 드는 게 좋겠어.

2. You should not watch TV too late. You should get
   enough sleep.
   너는 너무 늦게까지 TV를 봐서는 안 돼. 너는 충분한 수면
   을 취해야 해.

3. You'd better not listen to music too late because
   you should get up early.
   너는 일찍 일어나야 하니까 너무 늦게까지 음악을 듣지 않
   는 게 좋겠어.

필수 어휘

play computer games 컴퓨터 게임을 하다 /
too late 너무 늦게까지 / go to bed 잠자리에 들다 /
early 일찍 / enough 충분한 / listen to ~를 듣다 /
music 음악 / because 왜냐하면 / get up 기상하다

해설

늦게 일어나는 이유에 대해서 '컴퓨터 게임을 너무 늦게까지
하지 않는 게 좋겠어 (had better not play computer
games too late)'와 같이 had better not이나 should not
등을 사용하여 충고해 주고, 그 습관을 버리기 위하여 권장하고
싶은 것들을 '일찍 잠자리에 드는 게 좋겠어 (had better go
to bed early)'와 같이 had better나 should를 사용하여 권
해 주도록 합니다.

모범 답안

1. You should see a dentist because you have a toothache.
   너는 치통이 있으니까 치과에 가야 해.

2. You'd better brush your teeth after meals.
   식사 후에 이를 닦는 게 좋겠어.

3. You should not eat too many sweets. You'd better eat fruit.
   너는 단 것을 너무 많이 먹어서는 안 돼. 과일을 먹는 게 좋겠어.

필수 어휘

dentist 치과 의사 / toothache 치통 /
too much 너무 많이 / brush one's teeth 이를 닦다 /
after meals 식사 후에 / sweets 단 음식 / fruit 과일

해설

친구의 치통을 없애기 위해 할 수 있는 방법들 즉, '치과에 가야 한다 (should see a dentist)', '아이스크림을 너무 많이 먹지 말아야 한다 (had better not eat too much ice cream)'는 내용을 먼저 적어 주고 그렇게 권하게 된 이유, '치통이 있으니까 (because you have a toothache)'나 더 권하고 싶은 내용 '이를 닦아라 (brush your teeth)'를 적어서 치통을 없애는 데 도움이 되는 설명을 덧붙여 적도록 합니다.

Unit 03 제안 / 권유하기

표현 연습 pp.30-31

A 1. ① How about   ② What about
        ③ Why don't you

B 1. How about getting some sleep now?
     2. What about taking a walk after dinner?
     3. Why don't you exercise?

A

1. ① <u>How about</u> practicing soccer with your friends?
   친구들과 연습해보는 건 어때요?

   ② <u>What about</u> practicing soccer with your friends?
   친구들과 연습해보는 건 어때요?

   ③ <u>Why don't you</u> practice soccer with your friends?
   친구들과 축구 연습을 해보는 건 어때요?

B

1. How about getting some sleep now?
   지금 잠을 좀 자는 건 어때요?

2. What about taking a walk after dinner?
   저녁 식사 후에 걷는 건 어때요?

3. Why don't you exercise?
   운동을 하는 건 어때요?

쓰기 단계 1 p.32

A 1. new interesting movie
     2. get along with her
     3. good for your health

A

1. How about watching a movie tonight?
   There is a <u>new interesting movie</u>.

   오늘 밤에 영화 보는 건 어때요?
   재미있는 최신 영화가 있어요.

2. Why don't you talk to the new girl?
   You can <u>get along with her</u>.

   처음 본 친구에게 말을 거는 게 어때요?
   그녀와 잘 지낼 수 있을 거예요.

3. What about eating more fruit?
   Fruit is <u>good for your health</u>.

과일을 더 많이 먹는 게 어때요?
과일은 당신 몸에 좋아요.

쓰기 단계 2
p.33

B 1. playing the piano, enjoy music
2. joining the soccer club, get healthy
3. go to summer camp, do many activities

B

1. How about <u>playing the piano</u>?
You can <u>enjoy music</u>.

피아노를 치는 건 어때?
넌 음악을 즐길 수 있어.

2. What about <u>joining the soccer club</u>?
You can <u>get healthy</u>.

축구 동아리에 가입하는 건 어때?
건강해 질 수 있어.

3. Why don't you <u>go to summer camp</u>?
You can <u>do many activities</u>.

여름 캠프에 가는 건 어때?
여러 가지 활동들을 할 수 있어.

쓰기 단계 3
p.34

C 1. ⓐ OK
ⓑ playing the piano?
ⓒ OK
2. ⓐ OK
ⓑ joining the soccer club?
ⓒ You can get healthy.
3. ⓐ Why don't you
ⓑ go to summer camp?
ⓒ OK

실전 유형 대비하기
p.35

1. How about eating fruit?
Fruit has a lot of vitamins.
2. Why don't you stop eating ice cream?
You have a stomachache.
3. What about drinking fruit juice?
It is good for your health.

1. How about eating fruit?
Fruit has a lot of vitamins.

과일을 먹는 건 어때?
과일에는 비타민이 많이 들어 있어.

2. Why don't you stop eating ice cream?
You have a stomachache.

아이스크림을 그만 먹는 게 어때?
네가 배탈이 나잖아.

3. What about drinking fruit juice?
It is good for your health.

과일주스를 마시는 건 어때?
건강에 좋잖아.

단원 평가
pp.36-37

A

1. How about trying these fried fish? They really
smell good.
이 생선 튀김을 한번 먹어보는 게 어때? 정말 냄새가 좋아.

2. What about eating fish? Fish are a healthy food.
생선을 먹는 게 어때? 생선은 건강에 좋은 음식이야.

3. Why don't you try to eat fish? Fish are a tasty
food.
생선을 먹어보려고 노력해보는 게 어때? 생선은 맛이 좋은
음식이야.

try 시도해 보다 / fried fish 생선 튀김 /
smell good 좋은 냄새가 나다 /
healthy food 건강에 좋은 음식 / try to ~하려고 노력해보다 /
tasty food 맛이 좋은 음식

생선을 먹어 보도록 권유하는 문장을 'How about trying these fried fish?'와 같이 'How about~?', 'What about~?', 'Why don't you ~?' 등을 사용하여 적습니다. 그리고 생선 요리를 권하는 이유로 '(튀긴 생선은) 냄새가 좋다 (smell good)', '건강식 (a healthy food)' 혹은 '맛이 좋은 음식 (a tasty food)'이라는 것을 덧붙여 주면 됩니다.

B

1. Why don't you buy her a hairpin? She looks good in hairpins.
   그녀에게 머리 핀을 사주는 게 어때? 그녀는 머리 핀이 잘 어울려.

2. How about giving her a pencil case? She needs a new one.
   그녀에게 필통을 주는 건 어때? 그녀는 새것이 필요해.

3. What about buying her a pair of gloves? She likes to wear gloves.
   그녀에게 장갑을 사주는 건 어때? 그녀는 장갑 끼는 것을 좋아해.

buy ~ a hairpin ~에게 머리핀을 사주다 /
look good 잘 어울리다 / in hairpins 머리 핀을 꽂으니 /
pencil case 필통 / new one 새 것 /
a pair of gloves 장갑 한 켤레 / wear 입다, 끼다

생일 선물 아이디어를 'Why don't you buy her a hairpin?'과 같이 'Why don't you ~?', 'How about ~?', 'What about ~?' 등을 사용하여 적어주고, 그것이 적당한 이유를 '잘 어울린다 (look good)', '새것이 필요하다 (need a new one)', '장갑 끼는 것을 좋아하다 (like to wear gloves)'와 같은 문장으로 설명해 주도록 합니다.

Unit 04 요청 / 부탁하기

표현 연습 pp.38-39

A 1. ① Can you　　② Will you
　　2. ① Could you please　　② Would you please

B 1. A: Can I see Mr. Kim?
　　　B: Could you please wait for a moment?
　　2. A: Would you please open the door?
　　3. A: Will you pass me the salt and pepper?

A

1. ① <u>Can you</u> come and take a look at this computer?
   ② <u>Will you</u> come and take a look at this computer?
   당신이 와서 이 컴퓨터를 봐 줄 수 있나요?

2. ① <u>Could you please</u> move this box over there?
   ② <u>Would you please</u> move this box over there?
   당신이 이 상자를 저쪽으로 옮겨 주시겠어요?

B

1. A: Can I see Mr. Kim?
   B: Could you please wait for a moment?

   A: Mr. Kim을 만날 수 있을까요?
   B: 잠시만 기다려 주시겠어요?

2. A: Would you please open the door?
   B: Yes, of course.

   A: 문을 좀 열어 주시겠어요?
   B: 네, 물론이죠.

3. A: Will you pass me the salt and pepper?
   B: Sure.

   A: 소금과 후추를 건네주시겠어요?
   B: 물론이죠.

쓰기 단계 1   p.40

A 1. empty   2. too loud
　　3. too much stuff

A

1. Can I have some water?
   My glass is <u>empty</u>.

   물 좀 주실래요?
   제 컵이 비어서요.

2. Can you turn down the volume?
   The music is <u>too loud</u>.

   소리 좀 낮춰주실 수 있나요?
   음악 소리가 너무 커요.

3. Would you please hold this book?
   I have <u>too much stuff</u> in my hands.

   이 책 좀 들어주시겠어요?
   제가 손에 든 것이 너무 많아서요.

쓰기 단계 2   p.41

B 1. Can I, The size, too big
　　2. Will you, don't like this color, black pants
　　3. Could you please, too formal, a pair of jeans

B

1. <u>Can you / Will you / Could you / Would you</u>
   exchange these pants?
   <u>The size</u> is <u>too big</u> for me.

   이 바지를 교환해 주시겠어요?
   사이즈가 저한테 너무 크네요.

2. <u>Can you / Will you / Could you / Would you</u>
   exchange these pants?
   I <u>don't like this color</u>.
   I want <u>black pants</u>.

이 바지를 교환해 주시겠어요?
이 색상이 마음에 안 들어요.
검정색 바지를 원해요.

3. <u>Can you / Will you / Could you / Would you</u>
   exchange these pants?
   These pants are <u>too formal</u>.
   I want <u>a pair of jeans</u>.

   이 바지 좀 교환해 주시겠어요?
   이 바지가 너무 정장 스타일이어서요.
   저는 청바지를 원해요.

쓰기 단계 3   p.42

C 1. ⓐ Will you I exchange
　　　ⓑ these pants?
　　　ⓒ OK
　　2. ⓐ Will you exchange these pants?
　　　ⓑ I don't like this color.
　　　ⓒ OK
　　3. ⓐ Could you please exchange these pants?
　　　ⓑ These pants are too formal.
　　　ⓒ I want a pair of jeans.

실전 유형 대비하기   p.43

1. Can you return my English dictionary?
   I need it to study English.
2. Will you bring back my English dictionary?
   I have a word test.
3. Could you please give back my English
   dictionary?
   I have writing homework.

1. Can you return my English dictionary?
   I need it to study English.

   내 영어 사전 돌려 줄 수 있어?
   내가 영어 공부하는 데 그것이 필요해.

2. Will you bring back my English dictionary?
   I have a word test.

   내 영어 사전 돌려 줄래?
   내가 단어 시험이 있거든.

3. Could you please give back my English
   dictionary?
   I have writing homework.

   내 영어 사전 돌려 줄 수 있니?
   내가 작문 숙제가 있거든.

단원 평가

pp.44-45

A

1. Can I have some more coffee? I only have a little
   bit.
   커피 좀 더 주실래요? 조금 밖에 없어서요.

2. Could you please show me a menu? I want to
   order food.
   제게 메뉴판을 좀 보여주시겠어요? 음식을 주문하고 싶어
   서요.

3. Will you give me a new plate? I need an empty
   plate.
   새 접시를 좀 주실래요? 빈 접시가 필요해요.

필수 어휘

some more 좀 더 / only 밖에 / a little bit 조금 /
menu 메뉴판 / order 주문하다 / empty plate 빈 접시

해설

'Can I have some more coffee?'와 같이 'Can I ~?',
'Could you ~?', 'Will you ~?'를 사용하여 상대방에게 원
하는 것을 요청하고, 다음 문장에 '조금 밖에 없다 (only have
a little bit)', '음식을 주문하려고 한다 (want to order
food)', '빈 접시가 필요하다 (need an empty plate)'와 같
이 요청을 하는 이유를 덧붙여 설명해 주도록 합니다.

B

모범 답안

1. Can I have an apple? This apple looks delicious.
   사과 먹어도 돼요? 이 사과 맛있게 보여요.

2. Will you help me with my homework? I have
   difficult math homework.
   제 숙제 좀 도와주실래요? 어려운 수학 숙제가 있거든요.

3. Would you please make apple pies? Please,
   mom, I love your apple pies!
   사과 파이 만들어 주시겠어요? 부탁해요, 엄마, 난 엄마가
   만든 사과 파이가 너무 좋아요!

필수 어휘

look delicious 맛있게 보이다 /
help me with my homework 내 숙제 하는 것을 도와주다 /
difficult 어려운 / math 수학 /
Please, mom. 부탁해요, 엄마. / love 매우 좋아하다

해설

'Can I have an apple?'과 같이 'Can I~?', 'Will you ~?',
'Would you ~?'를 사용하여 엄마에게 부탁의 내용을 말한
후에, '맛있어 보인다 (look delicious)', '어려운 수학 숙제가
있다 (have difficult math homework)', '엄마의 애플 파이
를 너무 좋아한다 (love your apple pies)' 등과 같이 부탁하
게 된 이유를 적으면 됩니다.

Part 2 그림 세부 묘사 완성하기

Unit 05 가정 생활

표현 연습

pp.50-51

A 1. ① am washing my face
     ② am having breakfast
  2. ① is doing her homework
     ② is washing dishes

B 1. The boy with glasses is brushing his teeth.
   2. The girls with blonde hair are talking over dinner.
   3. The boy in a blue T-shirt is drying his hair.

A

1. ① I am washing my face.
   나는 세수를 하고 있어요.

   ② I am having breakfast.
   나는 아침 식사를 하고 있어요.

2. ① She is doing her homework.
   그녀는 숙제를 하고 있어요.

   ② She is washing dishes.
   그녀는 설거지를 하고 있어요.

B

1. The boy with glasses is brushing his teeth.
   안경을 쓴 소년이 양치질을 하고 있다.

2. The girls with blonde hair are talking over dinner.
   금발 머리를 한 소녀들이 저녁 식사를 하며 얘기하고 있다.

3. The boy in a blue T-shirt is drying his hair.
   파란색 티셔츠를 입은 소년이 머리를 말리고 있다.

쓰기 단계 1 p.52

A 1. in a pink skirt 2. in a green T-shirt
   3. with a laptop computer

A

1. The girl in a pink skirt is reading a book.
   분홍색 치마를 입은 소녀가 책을 읽고 있다.

2. The boy in a green T-shirt is wearing a red cap.
   초록색 티셔츠를 입은 소년이 빨간색 야구 모자를 쓰고 있다.

3. The woman with a laptop computer is sitting at the table.
   노트북 컴퓨터를 갖고 있는 여자가 테이블에 앉아 있다.

쓰기 단계 2 p.53

B 1. is getting up 2. is drying her hair
   3. is having dinner

B

1. The boy in pajamas is getting up.
   잠옷을 입은 소년이 일어나고 있다.

2. The girl in short sleeves is drying her hair.
   반소매 옷을 입은 소녀가 머리를 말리고 있다.

3. The boy with blond hair is having dinner.
   금발 머리 소년이 저녁을 먹고 있다.

쓰기 단계 3 p.54

C 1. ⓐ The boy
      ⓑ OK
      ⓒ is getting up.
   2. ⓐ The girl in short sleeves
      ⓑ is drying her hair.
      ⓒ OK
   3. ⓐ The boy with blond hair
      ⓑ is having dinner.
      ⓒ too 삭제

실전 유형 대비하기 p.55

(1) talking on the phone
(2) cooking fried eggs
(3) eating the fried eggs
(4) drinking water

There is a family in the kitchen.
부엌에 한 가족이 있다.

The man with glasses is (1) talking on the phone.
안경을 쓴 남자가 전화 통화를 하고 있다.

The woman in an apron is (2) cooking fried eggs.
앞치마를 두른 여자가 계란 프라이를 요리하고 있다.

The boy in a blue T-shirt is (3) <u>eating the fried eggs</u>.
파란색 티셔츠를 입은 소년이 그 계란 프라이를 먹고 있다.

The girl with a school bag is (4) <u>drinking water</u>.
책가방을 멘 소녀가 물을 마시고 있다.

단원 평가 pp.56-57

A

There is a family in the living room.
거실에 한 가족이 있다.

The woman in a green dress is (1) <u>watching TV</u>.
초록색 원피스를 입은 여자가 TV를 보고 있다.

The man in a dress shirt is (2) <u>eating a banana</u>.
와이셔츠를 입은 남자가 바나나를 먹고 있다.

The girl with a hair band is (3) <u>blowing up a balloon</u>.
머리띠를 한 소녀가 풍선을 불고 있다.

The boy with glasses is (4) <u>reading a book</u>.
안경을 쓴 소년이 책을 읽고 있다.

필수 어휘

family 가족 / in the living room 거실에 /
in a green dress 초록색 원피스를 입은 /
watch TV TV를 보다 / in a dress shirt 와이셔츠를 입은 /
with a hair band 머리띠를 한 / blow up 불다 /
with glasses 안경을 쓴

해설

각 문장의 주어가 그림의 어떤 인물을 가리키고 있는지 옷 (green dress, dress shirt)이나 액세서리 (hair band, glasses)의 종류로 확인한 후, 그 인물의 특징적인 행동, 'TV를 보고 있다 (watch TV)', '바나나를 먹고 있다 (eat a banana)', '풍선을 불고 있다 (blow up a balloon)', '책을 읽고 있다 (read a book)' 등을 현재 진행형에 맞게 쓰도록 합니다.

B

모범 답안

There is a family in the living room.
거실에 한 가족이 있다.

The woman in a white shirt is (1) <u>watering the plants</u>.
흰색 셔츠를 입은 여자가 화초에 물을 주고 있다.

The boy with a game is (2) <u>playing the game</u>.
게임기를 가진 소년이 게임을 하고 있다.

The girl in a red T-shirt is (3) <u>looking at the game</u>.
빨간색 티셔츠를 입은 소녀가 그 게임을 보고 있다.

The man with glasses is (4) <u>reading a newspaper</u>.
안경을 쓴 남자가 신문을 읽고 있다.

필수 어휘

in a white shirt 하얀 셔츠를 입은 /
water the plants 화초에 물을 주다 /
with a game 게임기를 들고 있는 / with glasses 안경을 쓴 /
newspaper 신문

해설

각 문장이 어떤 인물을 가리키는지 흰색 셔츠 (white shirt), 게임기 (a game), 빨간색 티셔츠 (red T-shirt), 안경 (glasses) 등의 힌트를 이용하여 확인한 후 그 인물의 행동들 즉, 화초에 물을 주고 (water the plants), 게임을 하고 (play the game), 게임을 보고 (look at the game), 신문을 읽는 (read a newspaper)것들을 현재 진행형 시제에 맞추어 적어 주도록 하면 됩니다.

Unit 06 학교 생활

표현 연습 pp.58-59

A 1. ① am learning
   ② am taking, lesson
  2. ① is asking a question
   ② is drawing a picture

B 1. I am learning history.
  2. The boy is going to the library.
  3. I am playing volleyball now.

A

1. ① I am learning math.
  나는 수학을 배우고 있어요.

  ② I am taking a piano lesson.
  나는 피아노 수업을 받고 있어요.

2. ① He is asking a question.
  그는 질문을 하고 있어요

  ② He is drawing a picture.
  그는 그림을 그리고 있어요.

B

1. I am learning history.
  나는 역사를 배우고 있어요.

2. The boy is going to the library.
  소년이 도서관에 가고 있어요.

3. I am playing volleyball now.
  나는 지금 배구를 하고 있어요.

A 1. with a cap   2. in a white T-shirt
  3. with a pencil

A

1. The boy with a cap is meeting a girl.
  야구 모자를 쓴 소년이 한 소녀를 만나고 있다.

2. The girl in a white T-shirt is raising her hand.
  흰색 티셔츠를 입은 소녀가 한 손을 들고 있다.

3. The boy with a pencil is drawing a picture.
  연필을 든 소년이 그림을 그리고 있다.

B 1. is taking a lesson
  2. is writing on the board
  3. is playing basketball

B

1. The boy in short sleeves is taking a lesson.
  반소매 옷을 입은 소년이 수업을 받고 있다.

2. The girl in a blue T-shirt is writing on the board.
  파란색 티셔츠를 입은 소녀가 칠판에 글을 쓰고 있다.

3. The boy with brown hair is playing basketball.
  갈색 머리의 소년이 농구를 하고 있다.

C 1. ⓐ The boy in short sleeves
  ⓑ is taking a lesson.
  ⓒ OK
  2. ⓐ The girl in a blue T-shirt
  ⓑ is writing
  ⓒ on the board.
  3. ⓐ OK
  ⓑ with brown hair
  ⓒ OK

(1) walking   (2) playing baseball
(3) playing basketball   (4) running

There are some students in the playground.
운동장에 몇 명의 학생들이 있다.

The girl with a school bag is (1) walking.
책가방을 멘 소녀가 걸어가고 있다.

The boy with a blue cap is (2) playing baseball.
파란색 야구 모자를 쓴 소년이 야구를 하고 있다.

The boy in black sneakers is (3) <u>playing basketball</u>.
검은색 운동화를 신은 소년이 농구를 하고 있다.

The girl in a yellow T-shirt is (4) <u>running</u>.
노란색 티셔츠를 입은 소녀가 달리고 있다.

단원 평가 pp.64-65

A

There are some people in the classroom.
교실에 몇 명의 사람들이 있다.

The woman in a yellow jacket is (1) <u>teaching</u>.
노란색 재킷을 입은 여자가 학생들을 가르치고 있다.

The girl with a red hair band is (2) <u>taking notes</u>.
빨간색 머리띠를 한 소녀가 필기를 하고 있다.

The boy with a blue cap is (3) <u>raising his hand</u>.
파란색 야구 모자를 쓴 소년이 한 손을 들고 있다.

The girl in short sleeves is (4) <u>opening her school bag</u>.
반소매 옷을 입은 소녀가 책가방을 열고 있다.

필수 어휘

in a yellow jacket 노란색 재킷을 입은 /
with a red hair band 빨간색 머리띠를 한 /
take notes 필기를 하다 / cap 야구 모자 /
raise one's hand ~의 손을 들다 /
in short sleeves 반소매 옷을 입은 / open 열다

해설

수업 시간 중인 내용의 그림인 것을 파악한 후, 노란색 재킷을 입은 선생님은 가르치고 있고 (teach), 빨간색 머리띠를 한 여학생은 필기를 하고 있고 (take notes), 파란색 야구모자를 쓴 소년은 (질문을 하기 위해서) 손을 들고 있고 (raise his hand), 반소매 옷을 입은 소년은 가방을 열고 (open her school bag) 있는 것을 묘사하는 문장을 완성하도록 합니다. 또한, 시제가 현재 진행형인 것에 주의하여 쓰도록 합니다.

B

There are some students in the classroom.
교실에 몇 명의 학생들이 있다.

The girl with a yellow hair band is (1) <u>looking in the mirror</u>.
노란색 머리띠를 한 소녀가 거울을 들여다 보고 있다.

The boy with blond hair is (2) <u>sleeping</u>.
금발 머리 소년이 자고 있다.

The boy in a green T-shirt is (3) <u>erasing the board</u>.
초록색 티셔츠를 입은 소년이 칠판을 지우고 있다.

The girl with glasses is (4) <u>drawing a picture</u>.
안경을 쓴 소녀가 그림을 그리고 있다.

필수 어휘

with a yellow hair band 노란색 머리띠를 한 /
look in the mirror 거울을 들여다 보다 /
with blond hair 금발 머리의 /
in a green T-shirt 초록색 티셔츠를 입은 /
erase the board 칠판을 지우다 / with glasses 안경을 쓴 /
draw a picture 그림을 그리다

해설

먼저 그림 내용이 수업 시작 전 혹은 쉬는 시간인 것을 파악한 후, 노란색 머리띠를 한 여학생은 거울을 보고 있고 (look in the mirror), 금발 머리 학생은 자고 있고 (sleep), 초록색 티셔츠를 입은 소년은 칠판을 지우고 있고 (erase the board), 안경을 쓴 여학생은 그림을 그리고 있는 (draw a picture) 것을 현재 진행형 시제에 맞추어 쓰도록 합니다.

Unit 07 외부 활동

표현 연습 pp.66-67

A　**1.** ① am meeting　　② am talking to
　　2. ① is shopping　　② is exercising

B　**1.** I am meeting the reading club members.
　　2. The man is working at the office.
　　3. She is playing a board game with her friends.

A

1. ① I **am meeting** my friends.
   나는 친구들을 만나고 있어요.

   ② I **am talking to** my friends.
   나는 친구들과 얘기하고 있어요.

2. ① He **is shopping**.
   그는 물건을 사고 있어요.

   ② He **is exercising**.
   그는 운동을 하고 있어요.

B

1. I am meeting the reading club members.
   나는 독서 모임 회원들과 만나고 있어요.

2. The man is working at the office.
   그 남자는 사무실에서 일하고 있어요.

3. She is playing a board game with her friends.
   그녀는 친구들과 보드게임을 하고 있어요.

쓰기 단계 1
p.68

A 1. with a cap   2. in shorts
    3. in short sleeves

A

1. The man <u>with a cap</u> is meeting a friend.
   야구 모자를 쓴 남자가 친구를 만나고 있다.

2. The girl <u>in shorts</u> is playing in the water.
   반바지를 입은 소녀가 물속에서 놀고 있다.

3. The boy <u>in short sleeves</u> is exercising.
   반소매 옷을 입은 소년이 운동을 하고 있다.

쓰기 단계 2
p.69

B 1. is talking to   2. is shopping at
    3. is waiting for

B

1. The man with a camera <u>is talking to</u> a woman.
   카메라를 가진 남자가 한 여자와 이야기를 하고 있다.

2. The woman with a shopping cart <u>is shopping at</u> the supermarket.
   쇼핑 카트를 가진 여자가 슈퍼마켓에서 쇼핑을 하고 있다.

3. The girl with a school bag <u>is waiting for</u> a bus.
   책가방을 멘 소녀가 버스를 기다리고 있다.

쓰기 단계 3
p.70

C 1. ⓐ The man with a camera
      ⓑ is talking
      ⓒ OK
   2. ⓐ with a shopping cart
      ⓑ is shopping at the
      ⓒ OK
   3. ⓐ OK
      ⓑ is waiting for a bus.
      ⓒ OK

실전 유형 대비하기
p.71

(1) helping an old woman
(2) looking in the mirror
(3) playing a cell phone game
(4) waiting in line

There are some people in the department store.
백화점에 몇 명의 사람들이 있다.

The woman in a uniform is (1) <u>helping an old woman</u>.
유니폼을 입은 여자가 할머니를 도와주고 있다.

The woman in a hat is (2) <u>looking in the mirror</u>.
모자를 쓴 여자가 거울을 보고 있다.

The boy in short sleeves is (3) <u>playing a cell phone game</u>.
반소매 옷을 입은 소년이 휴대폰 게임을 하고 있다.

The woman in a pink dress is (4) <u>waiting in line</u>.
분홍색 원피스를 입은 여자가 줄을 서서 기다리고 있다.

단원 평가

A

There are some people and pets in the pet shop.
애완동물 가게에 몇몇 사람들과 애완동물들이 있다.

The woman in an apron is (1) <u>meeting a boy</u>.
앞치마를 두른 여자가 한 소년을 만나고 있다.

The pet dog with a red ribbon is (2) <u>barking at the boy</u>.
빨간색 리본을 맨 애완견이 소년을 향해 짖고 있다.

The woman with sunglasses is (3) <u>talking to a pet dog</u>.
선글라스를 쓴 여자가 애완견에게 말을 하고 있다.

The girl with glasses is (4) <u>playing with a pet dog</u>.
안경을 쓴 소녀가 애완견과 놀고 있다.

필수 어휘

in an apron 앞치마를 두른 / meet 만나다 /
with a red ribbon 빨간 리본을 맨 / bark at ~를 향해 짖다 /
with sunglasses 선글라스를 쓴 / talk to ~에게 말을 걸다 /
play with ~와 놀다

해설

애완동물 가게에서 벌어진 상황이라는 것을 먼저 파악한 후, 앞치마를 두른 여자는 문에 들어서는 소년을 만나고 있고 (meet a boy), 빨간색 리본의 애완견은 들어오는 그 소년을 보며 짖고 있으며 (bark at the boy), 애완견을 보러 온 선글라스를 낀 여자는 애완견에게 말을 걸고 있고 (talk to a pet dog), 안경을 낀 아이는 강아지와 놀고 있는 (play with a pet dog) 것을 현재 진행형 시제 문장으로 적어 주면 됩니다.

B

There are some people in the park.
공원에 몇 명의 사람들이 있다.

The boy with a balloon is (1) <u>running</u>.
풍선을 든 소년이 달리고 있다.

The man in blue jeans is (2) <u>drinking water</u>.
청바지를 입은 남자가 물을 마시고 있다.

The girl in shorts is (3) <u>riding a bicycle</u>.
반바지를 입은 소녀가 자전거를 타고 있다.

The woman with a hair band is (4) <u>taking a picture of the girl</u>.
머리띠를 한 여자가 그 소녀의 사진을 찍고 있다.

필수 어휘

in the park 공원에 / with a balloon 풍선을 든 /
run 달리다 / in blue jeans 청바지를 입은 /
drink water 물을 마시다 / in shorts 반바지를 입은 /
ride a bicycle 자전거를 타다 /
with a hair band 머리띠를 한 /
take a picture of ~의 사진을 찍다

해설

공원에 온 여러 사람들의 행동을 묘사하도록 합니다. 풍선을 든 소년이 풍선을 들고 달려가고 있고 (run), 벤치에 앉아 있는 청바지를 입은 남자는 물을 마시고 있고 (drink water), 소녀가 반바지를 입고 자전거를 타고 있고 (ride a bicycle), 노란 상의를 입고 빨간 머리띠를 한 소녀가 걸으면서 자전거를 타고 있는 소녀의 사진을 찍고 있는 (take a picture of the girl) 내용을 시제가 현재 진행형인 것에 주의하여 적어 주도록 합니다.

Unit 08 자연 활동

표현 연습

A 1. ① am putting, recycling bin
     ② am cleaning up
  2. ① is sweeping
     ② is throwing away

B 1. I am feeding the chicks.
  2. She is raising pet fish.
  3. He is taking care of poor puppies.

A

1. ① I <u>am putting</u> this bottle into a <u>recycling bin</u>.
   나는 이 병을 재활용품 수거함에 넣고 있어요.

   ② I <u>am cleaning up</u> the school playground.
   나는 학교 운동장을 청소를 하고 있어요.

2. ① She <u>is sweeping</u> the room.
   그녀는 방을 쓸고 있어요.

   ② She <u>is throwing away</u> the trash into the trash can.
   그녀는 쓰레기를 쓰레기통에 버리고 있어요.

B

1. I am feeding the chicks.
   나는 병아리들에게 먹이를 주고 있어요.

2. She is raising pet fish.
   그녀는 애완용 물고기들을 기르고 있어요.

3. He is taking care of poor puppies.
   그는 불쌍한 강아지들을 돌보고 있어요.

쓰기 단계 1   p.76

> **A**   1. in a cap   2. with glasses
>   3. with a school bag

A

1. The zookeeper <u>in a cap</u> is feeding a lion.
   (야구) 모자를 쓴 동물원 사육사가 사자에게 먹이를 주고 있다.

2. The woman <u>with glasses</u> is holding a cat in her arms.
   안경을 쓴 여자가 고양이를 두 팔에 안고 있다.

3. The boy <u>with a school bag</u> is looking at flowers.
   책가방을 멘 소년이 꽃을 보고 있다.

쓰기 단계 2   p.77

> **B**   1. is throwing away   2. is feeding
>   3. is petting

B

1. The man in dirty clothes <u>is throwing away</u> the trash.
   더러운 옷을 입은 남자가 쓰레기를 버리고 있다.

2. The girl in pretty shoes <u>is feeding</u> the birds.
   예쁜 구두를 신은 소녀가 새들에게 모이를 주고 있다.

3. The woman with glasses <u>is petting</u> her pet dog.
   안경을 쓴 여자가 애완견을 쓰다듬고 있다.

쓰기 단계 3   p.78

> **C**   1. ⓐ The man in dirty clothes
>   ⓑ is throwing away
>   ⓒ OK
>   2. ⓐ OK
>   ⓑ is feeding the birds.
>   ⓒ OK
>   3. ⓐ The woman
>   ⓑ OK
>   ⓒ is petting her pet dog.

실전 유형 대비하기   p.79

> (1) feeding some cows
> (2) giving water to some cows
> (3) sweeping the ground
> (4) petting a dog

There are some people on the farm.
농장에 몇 명의 사람들이 있다.

The man in boots is (1) <u>feeding some cows</u>.
장화를 신은 남자가 소들에게 먹이를 주고 있다.

The woman with a hat is (2) <u>giving water to some cows</u>.
모자를 쓴 여자가 소들에게 물을 주고 있다.

The boy in a yellow shirt is (3) <u>sweeping the ground</u>.
노란색 셔츠를 입은 소년이 마당을 쓸고 있다.

The girl in a pink dress is (4) <u>petting a dog</u>.
분홍색 원피스를 입은 소녀가 강아지를 쓰다듬고 있다.

단원 평가

pp.80-81

A

There are some people and animals in the park.
공원에 몇몇 사람들과 동물들이 있다.

The girl in a yellow dress is (1) <u>throwing away a bottle in the recycling bin</u>.
노란색 원피스를 입은 소녀가 재활용함에 병을 버리고 있다.

The puppy in a red ribbon and the other puppy in a blue ribbon (2) <u>are playing</u>.
빨간색 리본을 맨 강아지와 파란색 리본을 맨 강아지가 놀고 있다.

The man with a green T-shirt is (3) <u>holding a cat in his arms</u>.
초록색 티셔츠를 입은 남자가 고양이를 두 팔에 안고 있다.

The girl with glasses is (4) <u>throwing a ball to a dog</u>.
안경을 쓴 소녀가 강아지에게 공을 던지고 있다.

필수 어휘

in a yellow dress 노란색 원피스를 입은 /
throw away a bottle 병을 버리다 /
recycling bin 재활용함 / in a red ribbon 빨간 리본을 맨 /
puppy 강아지 / in a green T-shirt 초록색 티셔츠를 입은 /
pet 쓰다듬다 / in glasses 안경을 쓴 /
throw a ball 공을 던지다

해설

공원에 있는 사람들이 무엇을 갖고 어떤 행동을 하는지 구체적으로 적도록 합니다. 노란 원피스를 입은 소녀는 손에 들고 있는 병을 재활용함에 버리고 있고 (throw away a bottle), 강

아지 두 마리가 같이 놀고 있는데 (play) 그 중에 한 마리는 빨간 리본을 매고 있습니다. 초록색 티셔츠를 입은 남자는 고양이를 쓰다듬고 있고 (pet a cat), 안경을 쓴 여자는 세 마리 강아지 중 한 마리에게 공을 던지고 있는 (throw a ball) 상황입니다. 그리고 두 번째 문장에서 be동사가 나와 있지 않는데, 주어가 강아지 두 마리이므로 is가 아닌 are을 써서 현재 진행형을 만들어야 하는 것을 주의해야 합니다.

B

There are some people on the mountain.
산에 몇몇 사람들이 있다.

The boy with a yellow cap is (1) <u>walking a dog</u>.
노란색 야구 모자를 쓴 소년이 개를 산책시키고 있다.

The man with a hat is (2) <u>looking at the dog</u>.
모자를 쓴 남자가 그 개를 보고 있다.

The man with a pole is (3) <u>picking up trash</u>.
막대기를 든 남자가 쓰레기를 줍고 있다.

The girl with a red hair band is (4) <u>feeding a bird</u>.
빨간색 머리띠를 한 소녀가 새에게 모이를 주고 있다.

필수 어휘

with a yellow cap 노란 야구 모자를 쓴 /
walk a dog 개를 산책시키다 / look at ~를 보다 /
with a pole 막대기를 든 남자 /
pick up trash 쓰레기를 줍다 /
with a red hair band 빨간색 머리띠를 한 /
feed some birds 새들에게 모이를 주다

해설

산에 올라와 있는 여러 사람들의 행동을 구체적으로 적도록 합니다. 노란 야구 모자를 쓴 소년은 개를 산책시키고 있고 (walk a dog), (파란) 모자를 쓴 남자는 그 개를 보고 (look at the dog) 있습니다. 막대기를 든 남자는 쓰레기를 줍고 있고 (pick up trash), 빨간색 머리띠를 한 소녀는 새들에게 모이를 주고 있습니다 (feed some birds). 각 문장이 그림의 어떤 인물을 가리키는지를 잘 확인하고 그 인물들의 행동들을 현재 진행형 시제에 맞추어 쓰면 됩니다.

Part 3 편지 쓰기

Unit 09 초대하기

표현 연습

pp.86-87

A

1. ① I'd like to invite you to my birthday party.
   나의 생일 파티에 당신을 초대하고 싶어요.

   ② I'd like you to come to my birthday party.
   나의 생일 파티에 당신이 와 주셨으면 합니다.

2. ① I'd like to invite you to the festival.
   축제에 당신을 초대하고 싶어요.

   ② I'd like you to come to the festival.
   축제에 당신이 와 주셨으면 합니다.

B

1. ① Would you come to my graduation?
   나의 졸업식에 와 주시겠습니까?

   ② Why don't you come to my graduation?
   나의 졸업식에 와 주시는 게 어때요?

2. ① Would you come to my music concert?
   나의 음악회에 와 주시겠습니까?

   ② Why don't you come to my music concert?
   나의 음악회에 와 주시는 게 어때요?

쓰기 단계 1

p.88

A

- Date: August 15th
  날짜: 8월 15일

- Hour: 10 o'clock in the morning
  시간: 아침 10시

- Place: The Student Hall
  장소: 학생회관

Dear friends,

I'd like to invite you to my ① speech contest.
It will be on ② August 15th. It starts at ③ 10 o'clock
in the morning at ④ the Student Hall. Please come
and see me to cheer me on. See you then. Bye!

Best regards,
Sujin

친구들에게,

연설 대회에 너희들을 초대하고 싶어. 대회는 8월 15일에 있을
거야. 학생회관에서 아침 10시에 시작해. 와서 나를 응원해줘.
그때 보자. 안녕!

진심을 담아,
수진이가

쓰기 단계 2

p.89

B

- Date: November 5th
  날짜: 11월 5일

- Time: From 12:00 to 2:00 p.m.
  시간: 오후 12시부터 오후 2시까지

- Place: My house
  장소: 우리 집

Dear friends,

① <u>Would you come</u> to my birthday party? My birthday is on ② <u>November 5th</u>. I will have my birthday party from ③ <u>12:00 to 2:00 p.m.</u> The party will be at ④ <u>my house</u>. My mom will make us some delicious food. Let's have a good time!

Best regards,
Dongjin

친구들에게,

내 생일 파티에 와 줄 수 있니? 내 생일은 11월 5일이야. 오후 12시부터 2시까지 생일 파티를 열 거야. 파티는 우리 집에서 할 거야. 엄마가 우리에게 맛있는 음식을 만들어 줄 거야. 우리 신나게 놀자!

진심을 담아,
동진이가

쓰기 단계 3　　　　　　　　　　　p.90

C **1.** ⓐ OK
　　　ⓑ on November 5th.
　　　ⓒ OK
　2. ⓐ OK
　　　ⓑ OK
　　　ⓒ from 12 to 2 p.m.
　3. ⓐ OK
　　　ⓑ at my house.
　　　ⓒ OK

실전 유형 대비하기　　　　　　　　p.91

① I'd like to invite you to his birthday party this Saturday.
② We will throw a surprise party for him.
③ The party starts at 3 p.m. at Minsu's home.
④ I really hope you will come.

- Date: This Saturday
  날짜: 이번 주 토요일
- Time: 3 p.m.
  시간: 오후 3시
- Place: Minsu's home
  장소: 민수네 집

Hi, Jiyeong!

This Saturday is Minsu's birthday. ① <u>I'd like to invite you to his birthday party this Saturday.</u> ② <u>We will throw a surprise party for him.</u> ③ <u>The party starts at 3 p.m. at Minsu's home.</u> ④ <u>I really hope you will come.</u> See you there. Bye!

Best regards,
Jongho

안녕, 지영아!

이번 토요일이 민수 생일이야. 이번 토요일에 너를 그의 생일에 초대하고 싶어. 우리는 민수에게 깜짝 파티를 열어줄 거야. 파티는 민수네 집에서 오후 3시에 시작해. 네가 정말 와 주길 바란다. 거기서 보자. 안녕!

진심을 담아,
종호가

단원 평가　　　　　　　　　　　pp.92-93

A

- Date: This Saturday
  날짜: 이번 주 토요일
- Time: 5:00 p.m.
  시간: 오후 5시
- Place: The School Music Hall
  장소: 학교 음악실

모범 답안

I want to invite you to my violin recital. The violin recital is at the School Music Hall at 5 p.m. this Saturday. I will play many kinds of violin music. Would you come to my violin recital?

내 바이올린 연주회에 너희들을 초대하고 싶어. 바이올린 연주회는 학교 음악실에서 오후 5시에 열려. 난 여러 종류의 바이올린 음악을 연주할 거야. 내 바이올린 연주회에 올래?

Dear ~에게 (편지의 받는 사람 이름 앞에) /
want to ~하기를 원하다 / invite 초대하다 /
violin recital 바이올린 연주회 /
many kinds of 여러 종류의 / come to ~에 오다 /
Best regards 안부를 전하며 (편지의 끝 맺음말)

우선 이메일을 쓰는 이유를 적는 것이 중요합니다. 즉, 친구를 바이올린 연주회에 초대하고 싶다 (want to invite you to my violin recital)는 것을 표현하고, 그런 후에 중요한 정보인 날짜, 시간, 장소에 대하여 적도록 합니다. 그 다음으로는 여러 종류의 음악을 연주한다는 내용 (play many kinds of violin music)과 같은 문장으로 연주회에 대한 설명을 덧붙여 주도록 합니다.

B

- Date: This Sunday
  날짜: 이번 주 일요일

- Time: 12:30 p.m.
  시간: 오후 12시 30분

- Place: My house
  장소: 우리 집

I'd like to invite you for lunch this Sunday. My mom will cook pizza. Would you come to my house at 12:30 p.m.? Let's have a good time.
Bye!

이번 주 일요일에 너를 점심 식사에 초대하고 싶어. 엄마가 피자를 만들 거야. 오후 12시 30분에 우리 집에 올래? 같이 재미있게 놀자.
안녕!

I'd like to ~. ~를 하고 싶다. /
invite ~ for lunch ~를 점심에 초대하다 /

cook pizza 피자 요리를 하다 / Would you ~? ~ 할래? /
come over to my house 우리 집으로 오다 /
Let's ~. ~ 하자. / have a good time 좋은 시간을 보내다

이메일의 요지인 점심 식사에 초대하고 싶다는 (want to invite you for lunch) 내용을 가장 먼저 적어주고, 구체적인 내용인 점심 식사로는 어떤 음식을 먹게 될지 (my mom will cook for pizza) 등을 적습니다. 그리고 자세한 초대 정보인 날짜, 시간, 장소를 명확하게 적어주면 되고, 마지막 문장에 '같이 재미있는 시간을 보내자 (Let's have a good time.)'는 말처럼 초대를 하는 이유를 적어 이메일을 마무리하게 되면 친절한 초대 이메일이 됩니다.

Unit 10 제안 / 권유하기

표현 연습   pp.94-95

A 1. ① Let's	② Why don't we	
③ How about		
2. ① Let's	② Why don't we	
③ How about		
B 1. ① Why don't you	② You had better	
③ You should		
2. ① Why don't you	② You had better	
③ You should		

A

1. ① Let's start now.
   지금 시작하자.

   ② Why don't we start now?
   우리가 지금 시작하는 게 어떨까요?

   ③ How about starting now?
   지금 시작하는 건 어때요?

2. ① Let's wait for him here.
   그를 여기서 기다리자.

② Why don't we wait for him here?
우리 여기서 그를 기다리는 게 어때요?

③ How about waiting for him here?
여기서 그를 기다리는 건 어때요?

B

1. ① Why don't you take a rest for a while?
당신은 잠시 쉬는 게 어때요?

② You had better take a rest for a while.
당신은 잠시 쉬는 게 좋겠어요.

③ You should take a rest for a while.
당신은 잠시 쉬어야 해요.

2. ① Why don't you stop eating candy?
너는 사탕을 그만 먹는 게 어때?

② You had better stop eating candy.
너는 사탕을 그만 먹는 게 좋겠어.

③ You should stop eating candy.
너는 사탕을 그만 먹어야 해.

쓰기 단계 1 p.96

A ① How about riding ② at 10 a.m.
③ this Saturday ④ at the park

A

- Date: This Saturday
날짜: 이번 주 토요일

- Time: 10 a.m.
시간: 오전 10시

- Place: The park
장소: 공원

Dear Yongjin,

How are you? I want to play with you. ① How about riding a bicycle with me? Let's meet ② at 10 a.m. ③ this Saturday ④ at the park. See you soon. Bye!

Best regards,
Minsu

용진이에게,

안녕? 너랑 같이 놀고 싶어서 말이야. 나랑 자전거 타는 거 어때? 이번 주 토요일 오전 10시에 공원에서 만나자. 조만간 만나. 안녕!

진심을 담아,
민수가

쓰기 단계 2 p.97

B ① Why don't we ② the Washington Library
③ 10 a.m. ④ every Sunday

B

- Date: Every Sunday
날짜: 매주 일요일

- Time: 10 a.m.
시간: 오전 10시

- Place: The Washington Library
장소: 워싱턴 도서관

Hello, Taejeong!

Do you like reading? ① Why don't you join the reading club? There is a reading club at ② the Washington Library. It starts at ③ 10 a.m. ④ every Sunday. I think you can enjoy reading books and talking about the stories. See you then. Bye!

Best regards
Sujin

안녕, 태정아!

너 책 읽는 거 좋아하니? 독서 모임에 참여하는 게 어때? 워싱턴 도서관에서 독서 모임이 있어. 매주 일요일 오전 10시에 시작해. 내 생각엔 네가 책 읽고 줄거리에 대해 이야기 나누는 걸 좋아할 것 같아. 그럼 그때 보자. 안녕!

진심을 담아,
수진이가

C 1. ⓐ Why don't you
    ⓑ join the reading club?
    ⓒ OK
2. ⓐ There is
    ⓑ OK
    ⓒ at the Washington Library.
3. ⓐ OK
    ⓑ at 10 a.m.
    ⓒ every Sunday.

실전 유형 대비하기   p.99

① How about joining our study group?
② We will have a study group this Saturday in the classroom 201.
③ It starts at 2 p.m.

- Date: This Saturday
  날짜: 이번 주 토요일
- Time: 2:00 p.m.
  시간: 오후 2시
- Place: Classroom 201
  장소: 201호 교실

Hi, friends!

① How about joining our study group? ② We will have a study group this Saturday in the classroom 201. ③ It starts at 2 p.m. I am looking forward to seeing you. Bye!

Best regards,
Jiyoung

안녕, 친구들아!

우리 스터디 그룹에 가입하는 거 어때? 201호 교실에서 이번 주 토요일에 스터디 그룹 모임을 가질 거야. 오후 2시에 시작해. 너희들을 만나길 기대하고 있을게. 안녕!

진심을 담아,
지영이가

단원 평가   pp.100-101

A

- Bedtime: Before 10 p.m.
  취침 시간: 밤 10시 전
- Sleeping hours: Over 8 hours
  수면 시간: 8시간 이상
- What to do: Go to sleep early
  할 일: 일찍 자기

모범 답안

Why don't you go to sleep before 10 p.m.? You'd better go to sleep early. Don't stay up late. You should sleep over 8 hours. Then you can get up early. See you soon. Bye.

너 밤 10시 전에 잠자는 게 어때? 너는 일찍 잠을 자는 게 좋겠어. 늦게까지 깨어 있지 마. 8시간 이상은 자야 해. 그럼 일찍 일어날 수 있어. 곧 보도록 하자. 안녕.

필수 어휘

bedtime 취침 시간 / Why don't you ~? ~하는 게 어때? / before ~ 이전에 / had better ~하는 게 좋다 / go to sleep early 일찍 자러 가다 / Don't ~. ~하지 마라. / stay up late 늦게까지 깨어 있다 / over ~ 이상 / then 그럼 / get up early 일찍 일어나다 / soon 곧

해설

이메일의 요점이 되는 ① '밤 10시 전에 잠자는 게 어때? (Why don't you go to sleep before 10 p.m.?)', 혹은 ② '일찍 잠을 자는 게 좋겠어 (had better go to sleep early' 같은 내용을 시작 부분에 적어 주도록 합니다. 그리고 이런 제안을 보충해 줄 수 있는 ③ '늦게까지 깨어 있지 마 (Don't stay up late)', ④ '8시간 이상은 자야 해 (should sleep over 8 hours)'와 같은 여러 가지 충고의 문장들을 추가적으로 씁니다. 가까운 친구에가 보내는 이메일이므로 ⑤ '곧 보도록 하자 (See you soon)'과 같은 인사로 이메일을 마무리 합니다.

B

- What to do: Play soccer
  할 일: 축구 하기

- Time: 3 p.m. tomorrow
  시간: 내일 오후 3시

- Place: At the school playground
  장소: 학교 운동장에서

Do you want to make new friends? Why don't you play soccer? If you play soccer, you can make new friends. We have a soccer game at 3 p.m. tomorrow at the school playground. See you then!

너 새 친구 사귀고 싶니? 그럼 축구를 하는 게 어때? 축구를 하면 새 친구들을 사귈 수 있어. 내일 오후 3시에 학교 운동장에서 축구 경기가 있어. 그럼 그때 보자!

make new friends 새 친구들을 사귀다 /
Why don't you ~? ~하는 게 어때? /
play soccer 축구를 하다 / if 만약에 /
soccer game 축구 경기 / tomorrow 내일 /
school playground 학교 운동장 / then 그때

문제에 나와 있듯이 새로운 친구를 사귀기 위해서 (make new friends) 축구를 하라 (play soccer)고 말하는 것이 이 이메일의 요점이므로 그 내용을 이메일에 자세히 적은 후에 축구 경기의 날짜, 시간, 장소에 대하여 정확히 적도록 합니다.

Part 4 그림 묘사 및 추론하여 글쓰기

Unit 11 일상 생활

표현 연습   pp.106-107

A 1. eats   2. goes   3. teaches
    4. studies   5. carries   6. washes

B 1. ① goes to school   ② drinks water
    ③ goes to the library
   2. ① has breakfast   ② watches TV
    ③ takes a bus

A

1. eat	<u>eats</u>	먹다
2. go	<u>goes</u>	가다
3. teach	<u>teaches</u>	가르치다
4. study	<u>studies</u>	공부하다
5. carry	<u>carries</u>	운반하다, 나르다
6. wash	<u>washes</u>	씻다

B

1. ① A boy <u>goes to school</u>.
   한 소년이 학교에 갑니다.

   ② A boy <u>drinks water</u>.
   한 소년이 물을 마십니다.

   ③ A boy <u>goes to the library</u>.
   한 소년이 도서관에 갑니다.

2. ① A girl <u>has breakfast</u>.
   한 소녀가 아침을 먹습니다.

   ② A girl <u>watches TV</u>.
   한 소녀가 TV를 봅니다.

   ③ A girl <u>takes a bus</u>.
   한 소녀가 버스를 탑니다.

쓰기 단계 1 p.108

A ②	**B** ③	**C** ③

A

① A woman is in the restaurant alone.
한 여자가 혼자 식당에 있다.

② A woman reads a menu at the table.
한 여자가 테이블에서 메뉴를 읽는다.

③ A woman waits for a friend in the restaurant.
한 여자가 식당에서 친구를 기다린다.

B

① The woman meets her friend at the table.
그 여자가 테이블에서 친구를 만난다.

② The woman is happy to meet her friend.
그 여자는 친구를 만나서 기쁘다.

③ The woman and her friend are hungry.
그 여자와 그녀의 친구는 배가 고프다.

C

① They order some delicious food.
그들은 맛있는 음식을 주문한다.

② They enjoy lunch together.
그들은 함께 점심 식사를 즐긴다.

③ They go to a different restaurant.
그들은 다른 식당으로 간다.

쓰기 단계 2 p.109

A 1. arrives at the school
2. walks into the classroom

B 3-1. says "Hello!" to his classmates
3-2. sits on his chair, takes out books
3-3. talks with his classmates

A

1. A boy arrives at the school.
한 소년이 학교에 도착한다.

2. And he walks into the classroom.
그리고 그는 교실 안으로 걸어 들어간다.

B

3-1. Then he says "Hello!" to his classmates.
그런 다음 그는 반 친구들에게 "안녕!"하고 인사한다.

3-2. Then he sits on his chair and takes out books.
그런 다음 그는 의자에 앉아 책을 꺼낸다.

3-3. Then he talks with his classmates.
그런 다음 그는 반 친구들과 이야기를 나눈다.

쓰기 단계 3 p.110

C 1. ⓐ OK
ⓑ arrives at
ⓒ the school.

2. ⓐ And
ⓑ he walks
ⓒ OK

3. ⓐ OK
ⓑ he says "Hello!"
ⓒ to his classmates.

실전 유형 대비하기 p.111

A 1. A girl reads a book at the desk.
2. But she feels tired.
3. So she gets some fresh air outside.

B A girl reads a book at the desk. But she feels tired. So she gets some fresh air outside.

1. A girl reads a book at the desk.
한 소녀가 책상에서 책을 읽는다.

2. But she feels tired.
하지만 그녀는 피곤함을 느낀다.

3. So she gets some fresh air outside.
그래서 그녀는 밖에서 신선한 공기를 쐰다.

A

필수 답안

1 A boy plays on the swing.
한 소년이 그네를 탄다.

2 But he falls off the swing.
그러다가 그가 그네에서 떨어진다.

3 Some friends come to the boy and help him.
몇몇 친구들이 그 소년에게 와서 그를 도와준다.

필수 어휘

play on the swing 그네를 타다 / fall off ~에서 떨어지다 /
some friends 몇몇 친구들 / come to ~에게 오다 /
help 도와주다

해설

연달아 일어난 일이 왜 어떻게 일어난지를 이해하는 것이 중요합니다. 즉, 한 소년이 그네를 탔는데 (play on the swing), 그네에서 떨어지게 (fall off the swing) 된 내용을 이해하고, 그 이후에 일어날 수 있는 가장 가능성이 많은 일을 생각해서 적도록 합니다. 가능성이 있는 것들 중에는 다른 몇 명의 친구들이 그 소년을 도와주는 (Some friends go to the boy and help him) 것 같은 상황이 있는데 그런 내용을 현재 시제로 적어 문장을 완성하면 됩니다. 문장을 적을 때는 3인칭 단수 he의 경우, 현재 시제에서 동사에 s/es를 붙이는 것을 주의하여 문장을 완성하도록 합니다.

B

모범 답안

1 A boy is late for school and runs to school.
한 소년이 학교에 늦어서 학교로 달려간다.

2 He gets into the classroom.
그가 교실 안으로 들어간다.

3 He says to the teacher, "I am sorry, teacher."
그는 선생님에게 "죄송합니다, 선생님."이라고 말한다.

필수 어휘

late for school 학교에 늦은 / run to ~에 달려가다 /
get into ~로 들어가다 / classroom 교실 /
say to ~에게 말하다 / I am sorry. 죄송합니다.

해설

그림 1에서 땀을 흘리면서 뛰어 들어오는 행동으로 보아 소년이 늦었다는 것을 알 수 있고, 수업 중인 교실에 들어 간 것을 보면 학교에 늦었다는 것을 알 수 있습니다. 'late for school (학교에 늦은)', 'get into the classroom (교실에 들어가다)' 와 같은 표현을 사용하여 그림 1과 2를 묘사하고 그 이후에 일어난 일에 대해서는 가장 흔한 것으로 추론할 수 있는 것은 선생님께 죄송하다고 말하는 것이므로 'say to the teacher, "I am sorry, teacher."' 라는 문장을 적으면 됩니다. 현재 시제이며 3인칭 단수 he가 주어라는 것을 생각하여 동사에 s/es를 붙이는 것에 주의하여 적도록 합니다.

Unit 12 오락 / 행사

표현 연습   pp.114-115

A 1. ① rides a bicycle
        ② joins in a speech contest
        ③ plays a game
2. ① goes on a picnic
        ② goes hiking in a group
        ③ has a piano recital

B 1. Then   **2.** so   **3.** Next   **4.** and

A

1. ① A boy rides a bicycle.
한 소년이 자전거를 탑니다.

    ② A boy joins in a speech contest.
한 소년이 연설 대회에 참여합니다.

    ③ A boy plays a game.
한 소년이 게임을 합니다.

2. ① A girl goes on a picnic.
한 소녀가 소풍을 갑니다.

    ② A girl goes hiking in a group.
한 소녀가 단체로 도보 여행을 갑니다.

③ A girl has a piano recital.
한 소녀가 피아노 연주회를 합니다.

B

1. He does his homework. Then he plays a
computer game.
그는 숙제를 합니다. 그러고 나서 그는 컴퓨터 게임을 합니다.

2. She is hungry so she buys a sandwich.
그녀는 배가 고파서 그녀는 샌드위치를 삽니다.

3. He joins in a speech contest. Next, he has a
piano recital.
그는 연설 대회에 참가합니다. 그 다음에 그는 피아노 연주
회를 갖습니다.

4. She speaks English, and she speaks Chinese,
too.
그녀는 영어도 말하고, 그녀는 중국어도 말합니다.

쓰기 단계 1
p.116

| A ① | B ③ | C ② |

A

① A girl looks out the window.
한 소녀가 창 밖을 본다.

② A girl wears a hat for hiking.
한 소녀가 등산을 위해 모자를 쓴다.

③ A girl is ready to go hiking.
한 소녀가 등산을 갈 준비를 한다.

B

① The girl meets her friends at the mountain.
그 소녀는 산에서 그녀의 친구들을 만난다.

② The girl and her friends talk to each other.
그 소녀와 그녀의 친구들이 서로 이야기를 나눈다.

③ The girl is thirsty and drinks water.
그 소녀는 목이 말라서 물을 마신다.

C

① They go hiking up the mountain.
그들은 등산을 하러 간다.

② They ride bicycles on the playground.
그들은 운동장에서 자전거를 탄다.

③ They enjoy climbing up the mountain.
그들은 등산을 즐긴다.

쓰기 단계 2
p.117

A 1. sits on the grass with his friends
   2. sing songs together

B 3-1. plays games with his friends
   3-2. gets hungry, has lunch with his friends
   3-3. lies down, looks up at the sky

A

1. A boy sits on the grass with his friends.
한 소년이 친구들과 함께 잔디 위에 앉아 있다.

2. And he and his friends sing songs together.
그리고 그와 그의 친구들이 함께 노래를 부른다.

B

3-1. Next, he plays games with his friends.
그 다음, 그는 친구들과 게임을 한다.

3-2. He gets hungry so he has lunch with his friends.
그는 배가 고파서 친구들과 점심을 먹는다.

3-3. Then he lies down and looks up at the sky.
그러고 나서 그는 누워서 하늘을 바라본다.

쓰기 단계 3

p.118

C 1. ⓐ A boy sits
ⓑ OK
ⓒ with his friends.
2. ⓐ And
ⓑ OK
ⓒ sing songs together.
3. ⓐ He gets hungry
ⓑ so he has lunch
ⓒ OK

실전 유형 대비하기

p.119

A 1. A boy is at the pool.
2. He finds a water slide.
3. He slides down the slide and screams.

B A boy is at the pool. He finds a water slide. He slides down the slide and screams.

1. A boy is at the pool.
   한 소년이 수영장에 있다.

2. He finds a water slide.
   그는 수영장 미끄럼틀을 발견한다.

3. He slides down the slide and screams.
   그는 그 미끄럼틀을 타고 내려가며 소리를 지른다.

단원 평가

pp.120-121

A

1. A girl goes to a school picnic.
   한 소녀가 학교 소풍을 간다.

2. But she gets lost, and she is embarrassed.
   그러나 그녀는 길을 잃고 당황한다.

3. She finds a policeman and asks for help.
   그녀는 경찰을 찾아 도움을 청한다.

필수 어휘

school picnic 학교 소풍 / get lost 길을 잃다 / embarrassed 당황한 / find 찾다 / policeman 경찰관 / ask for help 도움을 요청하다

해설

그림 1에서 기쁜 표정의 소녀가 다른 친구들이 있는 곳으로 다가갑니다. 배낭에 물병이 꽂혀 있는 것을 보면 picnic과 같은 야외 활동을 가는 것 (go to a school picnic)을 알 수 있습니다. 다음 그림에서 소녀의 표정이나 주변에 친구들이 하나도 없는 상황으로 보아 소녀는 길을 잃어서 (get lost) 당황해 하는 (embarrassed) 것으로 생각할 수 있습니다. 다음에 할 수 있는 행동으로는 여러 가지를 추론해 볼 수 있는데, 예를 들어 경찰을 찾아 도움을 요청하는 (find a policeman and ask for help) 상황을 적어 주면 되겠습니다. 현재 시제에서 주어가 3인칭 단수 he나 she일 경우 동사에 s/es를 붙인다는 것에 주의하도록 합니다.

B

모범 답안

1. A boy walks to the speech contest.
   한 소년이 연설 대회에 간다.

2. He gives a speech, and the people get excited.
   그는 연설을 하고 사람들은 흥겨워한다.

3. Finally, he wins the prize.
   결국, 그는 상을 탄다.

필수 어휘

speech contest 연설 대회 / give a speech 연설을 하다 / get excited 흥겨워하다 / finally 결국 / win the prize 상을 타다

해설

그림 1에서 소년은 진땀을 흘리며 연설대로 걸어들어 가고 (walk to the speech contest), 그림 2에서는 소년이 열심히 연설을 하고 (give a speech) 관중들은 환호를 보냅니다 (get excited). 관중들이 환호를 했던 것을 생각하면 '상을 타다' 라는 추론이 가능하므로 'win the prize (상을 타다)' 같은 표현을 사용하여 그림 3을 묘사해 주면 됩니다. 현재 시제 문장에서 3인칭 단수 he가 주어일 경우 동사에 s/es를 붙이는 것에 주의하여 문장들을 완성하도록 합니다.

1. 상황에 맞는 짧은 글쓰기

모범 답안

① I am sorry, but I can't. I will meet my friend, and we will do homework together.

미안하지만, 안 돼. 친구를 만나 같이 숙제를 할 거야.

② I am afraid I can't. I have a plan to see a movie with my friend.

미안하지만 안 될 것 같아. 나는 친구와 영화를 볼 계획이야.

③ I'd love to, but I can't. I will visit my grandparents and eat out.

그러고 싶지만, 안 될 것 같아. 나는 할아버지, 할머니를 만나서 외식할 거야.

필수 어휘

meet 만나다 / friend 친구 / do homework 숙제를 하다 /
together 같이 / have a plan 계획이 있다 /
see a movie 영화를 보다 / I'd love to ~. 정말 ~하고 싶다. /
will ~할 것이다 / visit 방문하다 /
grandparents 할아버지 할머니 / eat out 외식하다

해설

거절을 하게 되어 미안한 마음을 'I am sorry', 'I am afraid I can't', 'I'd love to, but I can't.'와 같은 표현으로 적어 주고, 거절을 해야 하는 이유, 즉 '친구를 만나서 숙제를 같이 할 것이다 (will meet my friend and do homework together)', '영화를 볼 계획이 있다 (have a plan to see a movie)', '할아버지 할머니를 만나서 외식을 할 것이다 (will visit my grandparents and eat out)'를 적어주면 됩니다.

2. 그림 세부 묘사 완성하기

모범 답안

There are some people in the classroom.
교실에 몇몇의 사람들이 있다.

The woman with glasses is (1) giving a lesson.
안경을 쓴 여자가 수업을 하고 있다.

The girl in short sleeves is (2) taking notes.
반소매 차림의 소녀가 필기를 하고 있다.

The boy sitting next to the girl is (3) asking the teacher a question.
소녀 옆에 앉아 있는 소년이 선생님에게 질문을 하고 있다.

The boy in a green T-shirt is (4) looking at the boy.
초록색 티셔츠를 입고 있는 소년이 그 소년을 바라보고 있다.

필수 어휘

in the classroom 교실에 / in glasses 안경을 쓴 /
give a lesson 수업을 하다 /
in short sleeves 반소매 차림의 / take notes 필기를 하다 /
sit next to ~ ~ 옆에 앉다 /
ask ~ a question ~에게 질문을 하다 /
in a green T-shirt 초록색 티셔츠를 입은 / look at ~를 보다

해설

우선 상황이 수업 중이라는 것을 이해하는 것이 중요합니다. 앞에 있는 안경을 쓴 선생님은 수업을 하고 있고 (give a lesson), 반소매의 여자 아이는 필기를 하고 있으며 (take notes), 그 옆에 앉은 남학생은 손을 들어 질문을 하고 있고 (ask the teacher a question), 초록색 티셔츠를 입은 소년은 질문을 하는 옆 소년을 바라보고 있습니다 (look at the boy). 각 문장에서 주어가 그림의 어떤 인물을 가리키는지를 정확하게 확인하고 현재 진행형 시제에 맞추어 문장을 완성하도록 합니다.

3. 편지 쓰기

- Place: School playground
  장소: 학교 운동장

- When: This Saturday
  시간: 이번 주 토요일

- Time: 2 p.m.
  시간: 오후 2시

모범 답안

We have a soccer game this Saturday. We will play soccer on the school playground. The game starts at 2 p.m. I'd like you to play soccer with us. See you then. Bye!

우리는 이번 주 토요일에 축구 경기가 있어. 우리는 학교 운동장에서 축구를 할 거야. 경기 시작은 오후 2시야. 나는 너희들이 우리와 함께 축구를 했으면 해. 그럼 그때 보자. 안녕!

have a soccer game 축구 경기가 있다 /
play soccer 축구를 하다 / school playground 학교 운동장 /
start 시작하다 / at 2 p.m. 오후 2시에 /
I'd like you to ~. 나는 네가 ~하면 좋겠어. /
with us 우리와 함께 / then 그때

중심 내용이 되는 '이번 주 토요일에 축구 경기가 있다. (We have a soccer game this Saturday.)'는 것을 먼저 적도록 합니다. 그 다음으로 문제에 주어진 정보인 장소, 시간을 정확히 적어주고, 마지막으로 '우리와 같이 축구를 하자 (play soccer with us)'는 제안을 함으로써 마무리를 하면 됩니다. 'See you then. (그 때 보자)'를 덧붙임으로써 '그때 경기에 꼭 와서 보자.'는 기대감을 표현할 수 있습니다.

4. 그림 묘사 및 추론하여 글쓰기

1 The girl welcomes her friend in the house.
   소녀가 집에서 그녀의 친구를 맞이한다.

2 She eats fruit with her friend, and then they find a science magazine.
   그녀는 친구와 식탁에서 과일을 먹는데 그때 식탁 위에 있는 과학 잡지를 발견한다.

3 The two girls read the science magazine together.
   두 소녀는 함께 과학 잡지를 읽는다.

welcome 환영하다 / in the house 집에서 / fruit 과일 /
find 발견하다 / science magazine 과학 잡지 / read 읽다 /
together 같이

그림 1에서 한 소녀가 집에 방문한 친구를 환영합니다 (welcome her friend in the house). 그림 2에서는 같이 과일을 먹다가 과학 잡지를 발견합니다 (eat fruit with her friend and find a science magazine). 그 이후에는 발견한 과학 잡지를 같이 보는 것이 가장 자연스럽다고 볼 수 있으므로 그 내용 (read a science magazine together)을 적어주면 됩니다. 현재 시제의 3인칭 단수 she가 주어일 경우 동사에 s/es를 붙여주고 주어가 복수 명사일 경우에는 s/es를 붙이지 않는 것에 주의하도록 합니다.

MEMO